新媒体时代大学生

线上自主学习激励机制构建研究

王君明　张伟国　王　慧◎著

重庆出版集团　重庆出版社

图书在版编目(CIP)数据

新媒体时代大学生线上自主学习激励机制构建研究 / 王君明,张伟国,王慧著. — 重庆:重庆出版社, 2022.12

ISBN 978-7-229-17454-5

Ⅰ.①新… Ⅱ.①王… ②张… ③王… Ⅲ.①大学生－学习方法－激励制度－研究 Ⅳ.①G642.46

中国版本图书馆CIP数据核字(2022)第250121号

新媒体时代大学生线上自主学习激励机制构建研究
XINMEITI SHIDAI DAXUESHENG XIANSHANG ZIZHU XUEXI JILI JIZHI GOUJIAN YANJIU
王君明　张伟国　王慧　著

责任编辑:袁　宁
责任校对:赵　璨
装帧设计:武汉中知图印务有限公司

重庆出版集团
重 庆 出 版 社 **出版**

重庆市南岸区南滨路162号1幢　邮政编码:400061　http://www.cqph.com
重庆博优印务有限公司印刷
重庆出版集团图书发行有限公司发行
E-mail:fxchu@cqph.com　邮购电话:023-61520646
全国新华书店经销

开本:787mm×1092mm　1/16　印张:12.25　字数:200千
2023年4月第1版　2023年4月第1次印刷
ISBN 978-7-229-17454-5
定价:44.00元

如有印装质量问题,请向本集团图书发行有限公司调换:023-61520678

作者简介 ABOUT THE AUTHOR

王君明(1982.10—),女,汉族,山东省栖霞市人,研究生学历,硕士学位,研究方向是动画,高校影视艺术教学、线上教学研究激励机制研究。毕业于曲阜师范大学,硕士研究生,艺术学专业。2010年到烟台南山学院任教以来,先后担任本、专科《影视动画视听语言》《影视编导》《微电影创作》《3DMAX》《数字影视后期合成》及《广告设计与制作》等核心专业课程的主讲教学工作。从事高校教育工作12年,发表影视评论、虚拟现实、动画、沉浸式学习方面的核心论文多篇,主持、参与民办高校教育教学类、艺术类科研项目。参与制作非物质文化遗产纪录片、动画制作、微电影的策划与制作。

张伟国(1977.10—),男,汉族,山东省济宁人,研究生学历,硕士学位,研究方向是大学计算机教学、大学生教育。2001年本科毕业于烟台大学计算机科学与技术专业,2011年6月硕士毕业于青岛大学材料学专业,现任教于烟台南山学院。任教期间先后讲授《计算机基础》《计算机应用能力教程》《计算机网络技术》《计算机网页制作》《图形图像处理》等核心课程,并发表多篇教学论文,现在从事计算机教学和研究。

王慧（1978.03—），女，汉族，山东枣庄人，本科学历，研究生在读，主要研究方向是大学英语教学、英语语言学、大学生教育，在职研究生就读新闻与传播方向。本科毕业于山东科技大学英语专业，现就职于山东烟台南山学院人文学院公共英语教学部，主讲过《大学体验英语》《实用英语》《英语二》等大学英语本专科课程。发表过大学英语教学相关论文多篇，参加厅局级课题3项。

前言 PREFACE

新媒体通过微信、微博、网络游戏、在线购物等形式，在大学生人群中日益渗透，不仅改变了大学生的生活、学习方式，甚至能够影响其思维方式。由此可见，新媒体在大学生人群中普及率相对较高，而大学生也是新媒体用户的主要组成部分。因大学生通常拥有相对较高的新媒体应用水平，以及相对较长的与新媒体接触时期，所以比较容易受到其影响。

自2020线上教育蓬勃发展以来，我国高校大学生的学习方式发生了改变，国内高校课程从以面授为主的传统教学方式转变为在线教学与传统教学并行的方式，高校师生共同经历了不同寻常的学习体验。然而，种种迹象表明，大学生线上学习的效果有待提高，不少大学生存在线上听课学习注意力不集中的现象，这些现象可以总结为大学生自主学习的效果不佳。

面对当今大学生线上学习存在的问题，本着“以人为本”的教育理念，在线上教育进行的同时，还应对大学生有一定的激励，以提高大学生的自主学习能力，保持大学生的学习兴趣与学习效果。激励机制的设计便成了值得研究的问题。

本专著主要分为三个部分，第一部分为一、二两章，主要是新媒体和自主学习的理论基础；第二部分为三、四两章，阐述了新媒体时代线上学习对大学生的影响及存在的问题；第三部分为五到八章，讲解了大学生自主学习激励机制的设计。本专著对于高校教育工作者有一定的借鉴作用。

目 录 CONTENTS

第一章 自主学习基础理论研究

第一节 自主学习概述

一、自主学习的定义

自主学习也被称为学习者自主，是"一种语言学习的方法而不是语言教学的方法"(David Gardner&Lindsay Miller，1999)。它适用于所有的教学环境和各种学习者。源于20世纪60年代的有关"终身学习技能"和"独立的思考者培养"的讨论延伸出自主学习的概念。自主学习者能够按照自身的实际状况制订自己学习的计划、内容，选用其认为最好的学习方法、监控复习过程和评价教学的效果。

自主学习存在三种不同的流派，关于自主学习的三个流派的定义，第一学派把它视为个人的特征，第二学派把它视为政治概念，第三学派把它视为教育过程的一种概念。尽管自主学习的概念多种多样，但都包括这样两个主要特点：

第一，学习者必须对自身的学业负责，因此所有的学习都必须由学习者独自进行，而且在正式的教育完成之后，学生也必须发挥自身不断练习的力量，以养成终身学习的习惯。因为随着人类社会的前进与发展，科学知识也是要不断更新的。

第二，学生自己负责学习步骤的控制，而这些步骤在传统意义上都是由老师来管理的，如选择学习规划、选择学习策略，甚至评价整个过程等。

在通常意义上，自主学习至少用于以下五个方面：

(1)学习者完全依靠自己的情况。

(2)可以在自学的情况下学习和运用的一系列技能。

(3)被机构教育所控制的天生的能力。

(4)培养学生对自己的学习负责的能力。

(5)有益于学习者确定自己学习的方向。

二、自主学习的错误观念辨析

最近这些年来，自主学习越来越成了学生教育研究的焦点，也像某些流行观点那样，受到了部分人的否定和排斥。人们有这些反应的主要起因，是由于他们错误地认识了自主学习这一概念。最常见的一些误解包括：

第一，最普遍的误解是，学生把自主学习等同自学，教师则可有可无。这种观点可以理解，因为自主学习与自学从字面含义上十分相似，更易被人混为一谈。

自主学习能力虽然是指学习者独自对自身的学习过程负责，并承担所有与自身学习过程相关的决策以及实施这些决策的责任，可是自主学习能力却并非自然地产生。尤其在中国的传统教学模式中，老师一直是知识的传递者与化身。而长期以来，由于中国教育体系采用的都是以教师为中心的教育方式，因此学习者们对“填鸭式”的教学习以为常，满足于作为一名聆听者与记忆者。在这样的背景下，学习者就缺乏了学习的积极性与独立思考的能力，甚至一旦老师不布置作业，学习者也不明白该做什么，从而陷入了迷惘。所以，在现有的教育机制下，并不能够将学习责任全面转移到学习者头上。学习者只有在老师的指导下，才有机会逐步地形成自己学习的意志和习惯，而不能认为老师将责任和任务都推给了自己。在这种基础上，学习者才可以形成良好的学习习惯，逐渐建立学习的自信，将学习的主动性和积极性充分调动出来，从而逐步地为自身的学习履行了一定的责任和义务。

在教育学生养成自主学习能力和习惯的过程中，为了减少学生的错误认知导致的(对老师)误解，老师们必须先掌握自主学习的有关基础知识和实际操作方法，必须先在观念上意识到在现代社会中开展自主学习是势在必行的，也必须认识到自主学习开展的可行性，并从平时的教育中自觉和有计划地逐渐培养学生的自主学习能力，并通过科学合理利用课堂各种信息资源和网站、QQ、微课、慕课、翻转课堂等手段，逐渐培养学生的自主学习能力。

第二，在自主学习过程中，教师的影响会降低或者削弱。为达到自主学习的效果，教师应当不再控制课堂。

实际上，在教师保持控制的课堂，自主学习也是有机会进行的。自主学习是将学校教学重心由老师变为学生的一种新型的教学方式，也因此不只是学校，甚至有很多老师都觉得自主学习就意味着老师地位的降低。而这种错误观念也与第一种错误观念密切相关，是由于老师不能认识自主学习的真正意义所产生的。

由于在传统的教学模式中，教师是知识的传授者，而学生是被动的知识接受者，因而让学生突然承担起学习的责任存在一定的难度。但自主学习这种以学习者为核心的教育模式中，教师并不是可有可无的，而是至关重要的。事实上，教师的知识和态度是推行自主学习的关键。因此，教师迫切需要转变身份。

由于我国很多教师刚刚走出校园就走上了讲台，缺乏相关的经验，还有相当一部分教师对教学理论表现出某种程度的冷漠和无知，所以首先老师们应该理解并仔细学习教育知识，并用知识来指导教育实施，并在实践中培养自身的教育意识。其次，由于学生独立学习的能力差异很大，所学的难度、动因等也多种多样，这就需要老师全面了解每位学习者的基本特征，包括语言能力、学习难度、动因、个性等，并与学习者形成良好平等的人际关系，为学习者提供合理的激励、指导与支持，从而更好地起到引导者、帮助者、督促者和协调者的重要角色。

此外，因为处于自主学习状态下学习者的认知行为不再受到知识和场所的约束，自主学习意识较差的学习者可以随时要求老师的支持与引导，从而利用电话、互联网等现代工具和老师的互动交流变得越来越多。这也意味着老师无论是上班时间还是休息时间都可以随时准备着给他们激励、引导与支持，同时利用电话、互联网等方式对他们加以指导。同时，需要经常给他们做出评价，定期的评价也是推动自主学习发展的重要环节，因为通过评价教师能够发现知识的有效性,通过有效的评价还能够使学习者了解到自身的知识潜力,进而树立起学习信心;通过评价,教师还能够考察他们自主学习行为的效率与质量。所以,推进自主学习发展需要老师们用更长的时间,付出更多的努力,更有耐性地来面对更大的挑战。

所以,提倡自主学习并不意味着教师角色的消失,反而对教师有了更多的要求。需要教师重新调整并确立自身的职责;既要掌握坚实的基础知识,也要全面掌握每位学员的特点,和他们形成友好关系,经常开展评估,要充分运用计算机、互联网等现代技术对他们进行支持、指导和监督。

第三,推行自主学习就是取消课堂教学。自主学习法既然要求"学习者承担所有与其学习相关的决定及实施这些决定的责任",所以学习活动也就不再受到时间和场所的约束,所以一些人觉得应该完全放弃传统的教学活动。这个观点对自主学习程度很高的学习者而言是合理的,但正如前文提到,自主学习能力并非与生俱来的,培养自主学习能力是个从意志到行为、从课内到课外循序渐进的步骤。所以,要更合理地训练学习者的自主学习能力,老师必须以课堂教学为基础,对学习者进行必要的训练与活动,如以英语教学为例:

组织学生讨论课本中某一单元的有关内容,同时让学生查阅有关资料;

要求学生通过测验分析自身的水平;

要求每个学生记下自己的学习情况,如:学习所花费的时间、阅读内容、学习技巧,以及所面临的问题等;

让学生开展课外学习,比如撰写英文日记,看英文影片、电视剧,阅读英文报纸杂志并且定期撰写阅读报告;

要求学生和同学协作,在课外练习英语口语;

引导学生自行或是在同伴的协助下处理学习时出现的困难。

教师也应该针对学生和学校之间的实际情况举办一些课外活动,让每个学生逐步意识到自己在学习中的主要角色,有助于每个学生逐步建立自信,进而提升自主学习的意识,逐步培养自主学习能力。所以,在自主学习的初期,课堂时间有着关键的意义,不仅不可取消,而且老师还需要比较充分地运用课堂教学时间设置和组织内容,为学习者提供更多的指导与支持,让学生迅速地建立学习的自信,进而提升自主学习意识。

自主学习是指某些学习者所达到的一个稳定的状态。但实际上，由于自主学习的目标永久性无法确定，所以自主学习在某个地方可以达到，在另一个地方不一定可以达到。因此人们有时候就会错误地以为，自主学习是一个很单纯而又易于描述的活动。但实际上，因为学习者年龄阶段的不同、学习时间的差异和对自身的学习目标有不同的认识，自主学习的方法也就会不同。有些老师夸耀地说他的所有学习者都是自主学习者，把自主学习者与一般学习者完全区别了出来。事实上，进行自主学习必须耗费不少工夫，并且无法确保这种状况一直持续，而且自主学习者可以在一些方面独立性很强，却在某些方面没有自主性。

综上所述，培育学生的自主学习意识是教育教学与社会实践的必然趋势，是一种从认知到活动、从学习到课外循序渐进的复杂过程，也给英语教学带来了一个崭新的教育视野，需要更多的教育工作人员在教学中持续地探索、总结，逐步地成长与提高。虽然自主学习的许多方法尚有待探索，还有不少困难亟须克服，但总地来说是可行、能够让学习者获益终身的一种方法。所以我们必须摒弃错误观念，进一步提高认识能力，同时在教育实践中进一步探索，扬长避短，根据中国的实际状况探索出有中国特色的教学方法。

三、自主学习的特点

自主学习把学习者当成关注的焦点，所以确定自主学习者的特点也就十分关键。

自主学习中很重要的一个特征就是自主性，自主性所体现的是一个人在活动中的地位，是指在特定条件下，个人对自身的活动拥有支配和控制的权利和才能。所谓独立性，体现为对所学活动内容以及对象的选择性和所学社会活动表现的积极性、进取性。所谓使用者在课堂中的独立性，则体现为他在教学中拥有自己的社会主人翁责任感、有确定的目标和自觉性积极的教学心态，并且可以在老师的影响、引导下自主探索新知识。同时，使用者也有意识地将自己当作教育的主要对象，并积极争取发展的机遇。因此他们在教学活动中经常受到自身目标和内在动力的支配，而较少关心外界奖励和他人赞誉。他们擅长在学业过程中实行自我调节与自我管理，从而在学业过程中充分发挥其自主性与创造力。而自主学习则是与原有的接受式教学相对的一门现代化教学方法，它将学生当作学习的主体，并利用他们自己的解析、探索、实践、质疑、创新等方式来达成目标。它也是一门以人本主义心理学与认知心理学为基础的现代教学理念。

自主学习是针对学习的内在品质而言的，自主学习者具有三个特点：具有较强的元认知、动机和行为等方面的自我调节的运用；能够监控自己的学习方法或策略的效果，并且根据这些反馈反复调整自己的学习活动；知道何时、如何使用某种特定的学习策略，或者做出合适的反应。进而又从学习动机、学习方法、学习时间、学习的行为表现、学习的物质环境、学习的社会性六个方面对自主学习的实质做了解释。自主学习的动力必须是内在的或自我激励的，所学的方式也必须是有规划性的、并已熟悉到自动化程度，而自主学习对时间的选择必须是固定而合理的，他们可以意识到所学的成果，对所学的社会生活环境具有很高的敏感度和随机应变才能。

奥德曼（Alderman，1999）认为，自主学习者具备如下特征：

①对自己的学业成败能够做出符合逻辑的归因，具有学习的自主管理精神；

②具有强烈的学业自信心；

③相信努力会不断带来成功；

④会设置有效的学习目标；

⑤考虑未来；

⑥拥有充足的学习策略，能够监控和调节自己的学习过程；

⑦能够有效地管理和使用自己的学习时间与资源。

美国密执安大学教授宾特里奇认为，自主学习者具有四个方面的特征：

①对他人提供给自己的信息做出更加积极的反应，在学习的过程中主动地创设学习策略、目标和意义；

②能够正视由个体差异、情境、生理给自己带来的局限，监控和调节自己的学习行为；

③能够根据目标和标准进行调整；

④能够利用自我调节过程来调节外部情境和自身特征所产生的影响，以便提高学习成绩，改善学习表现。

巴里斯与艾里斯（Paris & Ayres，2001）认为，自主学习者具有七个显著的特点：

①学生选择自己的学习目标，朝着自己的学习目标努力。这意味着他们有多种学习目标可以选择，也有选择目标的权利。

②自主学习者给自己设定有挑战性的目标，然后最大限度地发挥自己的学习潜能，努力追求成功，但是也能够容忍失败。

③自主学习者懂得怎样利用课程中的学习资源，他们就能够自如地调控自身的学习。自主学习者懂得怎样规划、分配时间等资源，怎样争取别人的支持，怎样评估自己的学业成绩；学生知道自身的学习策略，懂得怎样采取这些策略。

④自主学习者可以很好地与其他人开展合作。他们共同探讨教学内容，交换学习成果。

⑤自主学习者重视意义的建构。他们愿意提出自己的观点，深入地了解所学内容的意义，同时注意教学中的创新。

⑥自主学习者具有较高的自信心和责任感。他们很少将自己遇到的学习困难归咎于他人，知道是通过努力和合适的学习方法自己才取得学业成功。

⑦自主学习者根据预定的学习标准和时间，自己管理学习进程，评价学习表现。

综上所述，我们能够看到自主学习更注重培育学习者强烈的学习动机和强烈的学习意愿，进而实现主体能动性的教学，即主动性的自觉乐意的教学，而并非消极的或不情愿的教学。所以，自主学习这一概念自身就意味着教学过程是参与者自身的事情，也反映了参与者所必须具备的能动精神。而学习者的主动性体现为自立、自为、自律等三种特征，这三种特征共同组成了自主学习的三个支柱，以及其表现的基本特征。这三种特征都表明了这样一个观念：学习主体是自我认知的参与者，教学过程归根结底是由教学主体自我领导和实现的。接受和确立这一理念，对改革并矫正已存在的许多不合理的教学方法和教学模式，进而尝试并建立起全新的德育教学方法和教学模式，无疑有着非常重大的实际作用和意义。

四、构成自主学习的因素

自主学习是许多因素的结合体,这些因素一起构成自主学习环境。每个学习者都以独特的方式和周围的环境相互作用。见表1-1:

表1-1 构成自主学习的因素表

因素	作用
资源	提供: •学习材料 •真实材料 •活动 •技术 •接近真实语言使用者的机会 •接近其他语言使用者的机会
人	教师承担的角色: •信息提供者 •辅导者 •真实语言使用者 •监督者 •学习材料撰写者 •评估者 •评价者 •管理者 •组织者 学习者承担的角色: •计划者 •组织者 •管理者(坚持记录学习情况) •思考者(关于学习) •自主学习评价者 •自我评估者 •自我激励者 其他学习者承担的角色: •同伴 •共同评估者
管理部门	提供: •组织 •对自主学习系统的监督 •协调 •决定 •和学校进行交流
体制	以一种或多种能最有利于满足学习者需求的方式筹备自主学习设施。

续表

因素	作用
个性化	承认以下个体差异： •学习风格 •学习策略 •学习时间和地点 •花费在学习上的时间 •学习水平 •学习内容 •学习努力程度
学习者的需求分析	•确定学习目标 •帮助制订学习计划
学习者的反思	思考： •语言能力 •语言学习进展 •自己对于自主学习的适应性 •目标的制定
建议	提供： •语言能力方面的建议 •学习方法建议 •学习计划协商

五、自主学习的必要性

(一)信息化社会发展的需要

现代社会,教育信息浩如烟海,老师们不可能在有限的课堂时间中将全部东西都告诉给学生。这就需要学习者培养自主学习的习惯,在课后积累和拓展课程上学到的东西。而21世纪的挑战也让人们意识到,仅仅凭借在义务教育阶段所掌握的专业知识和技术已无法应对日新月异的经济环境和社会,也无法适应日益变革的社会对职业能力和专业技能的巨大需求。将来的中国社会是个终身学习的社会,每个人都应该终身学习。终身学习能力是一个人所应该拥有的基本素质,而终身教育的实施则有赖于个人的不断学习。从实质上来看,学生在今后的成长中,以及学校在社会上是否具备竞争性,是否具备发展前景,以及能否在信息时代具备轻车熟路地掌握专业知识的能力等,都在于学校能否具备终身学习的能力,让学生获得学会学习的能力也是当今不少国家所重视的问题。联合国教科文组织出版的《学会生存》一书中讲道:“未来的文盲不是不识字的人,而是没有学会怎样学习的人。”终身学习不在学校进行,也没有教师的陪伴,就靠一个人的自主学习能力。可以说自主学习能力已经成为21世纪人类的基本生存能力。

(二)学生个体发展的需要

首先,自主学习是弥补学生个体差异的最有效方式。其次,学生个性差距一直是学校教师们关心的热点问题。长期以来,人类社会始终都在寻求导致学生个体差异的因素。据20世纪70年代末至80年代初期的学者研究指出,导致学生个性差距的因素既有先天的,也有后天的。影响个性差别的先天原因通常很难改变,但人类也可以尊重它。而决定个性差别的后天原因,也就相对易于干预。在所有的后天环境原因中,自主学习策略可以解释将近80%的成绩差距。而多年的科学研究成果也证实,有效引导学生自主学习可以提高低智商、遗传、家庭环境条件差的学生的成绩。

第二节 自主学习的实施策略

一、备课与自主学习

备课是课堂教学环节的一个重要组成部分。备课,顾名思义,就是准备上课。这种准备是指思想上、资料上、文件上的准备。备课所写的文件就是教案。“教案”的解释是:“教师在授课前准备的教学方案。内容包括教学目的、时间、方法,步骤、检查以及教材的组织等。”因此,备课工作是课堂教学能顺利实施,教学活动能顺利进行,乃至课堂管理工作能圆满完成的重要基础。

自从有现代意义的教育教学活动以来,教学活动的组织者便十分重视备课。在传统教学模式中,备课通常注重三个方面:研究教材、分析学情和选择教学方法。

这种备课思路重在强调了教师自己的主导作用,也重在以课本(教材)为介质,给学生灌输知识,即也将课文当成了教师自己所讲授内容的蓝本。对课文的分析与理解,是以教师本身的理解为前提的,并由此来确定了课程的重难点。但是学生们对教师确定的重难点并不认识,或者并不理解教师们所设计的重点问题,所以很多高校教师都有如下的感受:教师们在备课中认为很困难的部分。恰恰学生们很容易就学会了;而他们觉得容易的部分,学生们却又很难学会。所以这个备课教材,其实是教师自己在设计教学稿或叫演讲稿,这样讲比较贴切。在示范性课程、公开班、研究课、竞赛课、优质课等中,尤其如此。这种方式备课,最大的问题就在于忽视了学生的学习积极性和不被老师重视的潜力,尤其是学生理解力和领悟力,更不利于他们的自主学习。

再次,传统备课讲课法强调的是对课程的划分,重组以及教学过程的实施。教学模式是教师在每一节课中所采用的最具体的教学方式,比如讲读法、贝震法、内论法等。选择教学内容的出发点主要是希望让自己的教学工作能更流畅且有新意地开展下去,而不是过分关注于学习者的实际需要。虽然现在多媒体技术等电教手段也已应用于课堂,既可以让学习者更直观形象地掌握教学内容,又可渲染氛围使课堂的教学活泼或悲抑等。但是,这些教学方式在理科中,例如数学中的几何、生物、化学与物理等效果比较显著,而并不是很适合文科尤其是语文。而且由于语文课程中蕴含着丰富的思想性与较深的艺术特质,它并非单凭直接形象所能领会的。

但在新课程改革中,一条很鲜明的主线就是鼓励学生自主学习。这同时也把学生的主体地位放在了显要位置。但这样并非说明老师的教学主导地位已经被忽略或被减弱,相反,强调学生自主学习更加考验了老师的教学水准与教学技术。更具体地讲,如果把学生置于教学主导地位上,并再次检视我们的教育与教学思想,我们就会看到:同样是进行的教学活动,教师备课这一环节却和以往的截然不同了。

服务于学生自主学习的教师备课方式,一定不同于以往的集体备课。而应该针对课程特色,教师共同探究,并及时设计具体教学方法,教师合作互位、教学相长;分组协作、探索提高。使学生在兴趣盎然的教学活动中,愉快学习,轻松愉快地掌握知识点、培养能力。师生互动增强,教学互动增效。

备课和上课是教学工作的两个重要组成部分,高效备课是高效课堂教学的前提和基本保障,高效课堂是科学备课的最高目标。有很多教师将“学”为根本出发点，认真研究学生在学习中要“学什么”“学到什么程度”“怎么学”三个重要问题，同时科学地合理设计课堂过程和教学具体环节，力图透过充分调动学生在读书中的兴趣和主体性达到在这三方面的设定总体目标。只有切实进行高效备课，学校才能在严格遵守教师课堂规则和学生学习规则的基础上，开展正常高效的课堂教学。但长期以来，人们一直习惯把眼光盯在课堂上，而极少重视备课，尤其是以训练学生自主学习为目的的高效备课环节。

新课标变革中教学新理念、新思想的全面贯彻，对学情、对教材、对具体的新教学模式，都要用全新视野来看待。所以教学观点的更新，教学新理念的重树等等，都要反映到教师备课上来。

教育新理念十分强调学校的主体地位和学生主观能动性。在教师备课中，要把学生的主体地位和自主学习能力融会于其中。

所以，在新课程改革中的备课应该怎样反映学生自主学习的特点呢?

一是观念的更新。观念更新的第一点，是指老师在备课时要确立一种观念:并不是我如何将这些知识告诉给学生，而是我如何引导学生去掌握这些知识。要让学生自主地投入进来，不要由教师来做表演者，而是由老师来把整个课堂和学生串联起来。

观念更新的第二点是对学情的分析。应该把学情作为一种动量，用发展的、动态的目光观察，昨天他不知道的，不一定今天就不知道;昨天他不能解决的问题今天也不一定不能解决。这么设计的特点是课程的重点难点的设计，是以学生的兴趣爱好、技能水平来制定教材，以学生的视觉和欣赏品味来确定教学内容。

学案一般由“学习目标”“自主预习”等几个栏目组成。所谓自主预习的目的，就是使学员通过预习目标对即将学习的新知识做到心中有数，并且自己确定:哪些新东西通过预习目标就已经学会了？什么学习起来比较有难度？新东西又与什么老东西比较有联系？学员自己又有无遗漏？而这也就是老师组织学生教学时必须了解学生的学情，是教师教学的起点。利用学案先了解学生的学情，然后加以有的放矢的准备，才能事半功倍。同时，教师备课必须根据学案中的知识点教学内容和实践探究进行匹配完善的课程设计，而不能让学案成为学生的另一种练习册，或者教学笔记。课堂设计中设置了更多可以有效诱发学生进行独立思维的问题，利用问题设计的梯度，给学习者留出思考空间。一些问题可能根本不出现在学案上，一些问题可能用作衔接课堂教学内容的思考题，一些问题可能留做课后反思，以调动学生的兴趣。

二是了解学生的知识结构。在备课过程中部分老师并未进行精准的分析，而是讲到部分学生早已了解并利用普通教材很快便能搞懂的知识点，这样，他们对知识的疑惑也易于被老师忽略。日积月累就会存在学生不愿思考，而单纯依靠教师的各种现象。要避免这样的情况出现，教师在课堂上必须要首先熟悉教育对象的班级状况和知识结构。班集体的学风、班风，学生的基本知识掌握状况及其思考能力等都要列入理解的范畴中，透过理解可以针对性地创设教育环节，还可以为大学生解惑，更有效地回答大学生的提问。在对教学内容的把握与分析时，应在充分了解学生喜好、学习基础、学习习惯，在社会文化背景的基础上全面考察，而不是按照教师、教参的规定来处理教学问题。对于学习者而言，这既是一次练习，又是一次收获。但不能强制定性说，教师说好的就一定是好的；而教师认为不好的也认为一定是不好的，而且必须要让学生清楚说出老师好在哪里，为什么好，价值何在。在备课过程中，应及时或适当转移课堂的视角。有时候在课堂上，教师应把课文中重要段落重点说得透彻，而其余的“余波”则应该由学生们自己去掌握。

三是让学生带着问题上课。问题既可能是由教学设计而产生的，也可能是由学生在课前预习和课后反思中得到的，而这样的提问往往更能反映学生能力的薄弱处。课后习题不仅是积累知识点，更是归纳整理知识点。对于疑点的突破，课后老师也应有意识地指导学生们归纳整理知识点，并收集疑惑点。应设定为学生自主学习的时段，每节课后或每天腾出时段让学生将自己的问题以及总结得出的结果，在班里和同伴交流。这不就是学习时间上的问题预留，而且要从学习兴趣、任务、动笔、动脑等全面考量的。当学生主动预习时，老师要总揽全局，以调节课堂气氛。针对学生的提问，老师不能急于给予回答，要指导、建议、帮助，让学生透过反思去解决。在备问答过程时，不要每个学生有疑必答，也不要只回答深度疑难，而是要发挥学生的主动功能，激励他、吸引他，并由问题的边缘向核心渗透。让学生充分体验自己解决深度困难后的乐趣。不管学生提什么样的问题,老师都要及时地予以鼓励、引导,这样学生不但掌握了知识点,还使学生心态上有所适应,并且帮助学生完成了预习,重复,也增强了他们的重复兴趣,因而促使了质量的提升。

四是创设问题情景,让学生自主思考。所谓创设问题情景,是在新学习的内容与使用者的需求心态间创造某种不均衡、不配合,将使用者带到一个与提问相关的情景中。创造提问环境时应注重从使用者现有的生活经历与认识背景入手,一方面借此调动学生自己的积极性,另一方面也与自己目标相连接。老师通过该方法创设的情境,有助于学生更好的投入到情境中,并对这个情境加以运用,更好的理解老师所讲述的内容。创造提问环境的设置,充分调动了使用者强大的学习兴趣与探索求知欲,使他们的注意、记忆、思考聚集在一块,进入了一个智力活动的学习状态。那么在备课过程中,必须选取恰当的和学校生活相关的,有利于学生进行链式思考的提问情景。这时,集中备课起了关键的作用。每个老师对每课时的理解也是不尽相同的,选取的提问情景也不一样,经过讨论分析,反思自己设计的提问情景的有效性,根据其他老师的观点,选取更加正确合适的提问情景,设置更加巧妙的思考问题。

五是利用形式多样的作业,引发学生自主学习。随着网络的广泛应用,学生可以获得咨询的途径更加多元化。许多老师精挑细选好的课后练习题目,学生都能够通过上网找到正确答案,但对一个缺乏自主约束力的学生而言,作业的实用价值越来越小了。这就要求老师在备课环节中给学生提供更多独特的,契合时代背景的作业。以充分发挥互联网的功能,也同时是产生正向的社会效应。

六是师生互位生趣。在实际教学中,依据每个学生的各个特征(例如基础、喜好、学习兴趣、能力等),由老师在备课前就详细地对所教学生做了研究调查,以摸清每一位学生的状况,并具体分析学生的认知发展水平和特征,将不同学生区别对待,对于特殊学生给予特别关注。既全局协调,又针对性采取各种各样的引导手段,让学生们各取所需。很多在教师眼里学生做不了的问题,实际上他们却往往能够做到,甚至做得非常好。

（一）让优秀学生与教师一起“集体备课”

最初采用了与教师的共同备课方式，由优秀学生作为“老师”，与教师一起“集体备课”。由学生组的“老师”大胆挑选，基础知识较好的学生可以和老师一起共同研究课本、探讨教法。由于优秀学生在课堂上，总是有充裕的时间完成老师布置的教学工作，所以可以用剩余的时间和同学间成立共同备课组，首先通读教材，总结知识点，研究他们教学中的困难问题，接着与老师一起共同针对教材教学内容，通过面对面研究的基础知识掌握与技能训练方法，针对学生中出现的学习困难，教师一起共同探讨执行最有效的教法和学法，最后通过收集学生的课堂意见，与教师一起讨论，完善教材。这些经过学生思考、有学生意愿、满足学生需求的教材更有利于实施并达到效果。

（二）人人参与“备课”

课前预习是必不可少的课堂教学环节，怎样增强预习作用是每一个老师面对的十分关键的课题。但我们却常常对老师布置的预习工作视而不见，所以老师把预习重点留在了课堂上，把预习工作称为最容易的“备课”，大家一起预习，让所有的学生积极参与。吸引他们注意力，激发学生的积极性。怎样确定“备课”的时间？怎样确定重要任务？老师对每个学生说出意向，做一番点拨，全体师生一同带着提问进行“备课”，师生一同剖析课堂内涵，找视角，寻规律性，自己发现提问并使用独到方式解决。这样“备课”形式的预习，老师可以调动他们的活动能力、竞争意识，增强了他们的注意力，课堂教学效果非常好。

（三）下一节课做“老师”

为能和教师坐在一起集体备课而努力，学习不再是怎么攀也攀不上去的高峰，学生也在不知不觉中已经走进了学习的殿堂。学习不再是一种负担，而是一种乐趣。带着乐趣走进课堂，课堂成为学生自由发挥的舞台。学困生们也在他们的能力范围内努力奋斗着，渐渐地，学识的累积也就到达学新东西的基础了，他们也就学不再困。同时，学生上台讲解，更能吸引同学们的兴趣，减少大学课堂的“低头族”。

(四)小组成员“集体备课”

有些问题单靠个人的力量是很难解决的,分组学习为他们提供了沟通和发展自己智力的机会。对于学困生的问题,他在教师面前羞于启齿,而在自己的同学之间,不管哪一种层次的学生都可以尽情表达自己的见解,探讨起问题来会争得面红耳赤,从这个争辩中得到的是自信,也是骄傲,他们从这个争辩中很自然地使认识获得了提高,而认识的积累也在逐步地增加。

总之,自主学习,既是教师教育理念的更新,更是教师角色的移位和变易。教师不能总是觉得“我要‘教会’他什么”,而是应该树立“我在他的自主学习中‘助’他什么”。这是在备课中应该牢牢把握的。教师在备课时“举一”的目的是为了“反三”。古人云“授人以鱼不如授人以渔”,即是说与其让学生享受教师“点石成金”后的“金”,不如指导学生修炼成能点石成金的“手指”。

二、课堂教学与自主学习

教育的主要目标是培育自主学习者,以小言之,就是培育会学习的人,而大则言之,就是培育会思维、具有批判性思考能力的人。按照马加涅的学习阶段理论,学生的学习过程从实质上来说,就是一种系统而全面的内部信息加工过程,即是信息的捕获、加工、储存与反馈的过程。而教学设计人员应当给这一加工过程,尤其是内部信息加工程序创造优越的外部条件。

从素质教育的观念来看,课堂不仅要锻炼学习者的基础知识与专业技能,更重要的是要培养对把握科学知识的兴趣,从而促使学生利用认真思考、积极动手、努力创造等科学参与性教育活动,来实现教学目的。课堂教学不要止于满足学生“学会”,需要下更大的功夫引导培养“会学”,锻炼学生独立学习的能力,让每个学生乐做、会做,活学,并鼓励学生自主生动地学习。

大学课程内容丰富,形式多样,不管是从知识结构的编排上,还是在教学章节的设计上,均表现出了对学生创新能力的训练、思维方式的引导以及探索意识的重视,也表达了对学生自由活动探究学习中的创造性思想的赞赏。在课堂中,怎样充分调动学生主体性与主观能动性,让学生开展自主学习活动呢?

(一)营造一个和谐的学习氛围,为学生提供自主学习空间

如果说兴趣的激发是培养学生自主学习的前提,而提供环境,创设自主学习的生存空间才是他们自主学习的基本保障。为了培育他们的自主学习意识,就需要给他们营造宽松的环境。合理设计情景,不但能够充分调动他们读书的兴趣,也有助于他们认识课本内涵,巩固印象,提升教学效果,同时也能够激发全体学生的认知思维,引导他们积极探究问题。在“自主学习”中可以实现学生“想学”“会学”两个理想。

在教学中,从所有的可能入手,给学生自主学习提供时间、空间,以及材料、形式等方面的准备工作,将教学的自主性留给学生,从而使学生能够独立教学。如一位专家所言:给学生一些权力,让学生自己去选择;给学生一种条件,让学生自己去实践;给学生一个问题,让学生自己找到答案;给学生一个问题,让学生自己去解决问题;给学生一个空间,让学生自己往前走。

1.进行选择性学习

在教学中努力营造民主、和睦的氛围,实现自由、开发的教学,并引导学生用最合适自主的方式教学,使班级课堂上教学呈现生动活泼的局面,教师们应做到:允许学生自主选定教学目标,允许学生自主选定教学内容,允许学生自主选定教学方式,允许学生自主选定学习伙伴。

2.让学生以教师身份参与“讲课”

学“讲课”的方法很多,首先同学间互相沟通是一种教学方式,虽然看起来很小的一种动作,但其实对于听课的学生而言,却是很大的要求,这是对学习知识的一次反省,一个总结,一次表述,在这一过程中既充实了学生的理论知识,也提高了其才干。大学各学科都具有突出的理论性与实践性,通过训练培养学生积极质疑,自主反思的能力,使每个学生形成良好的习惯,如:出现问题和难点,并不是急于找老师处理,而是自行合作探究、分析,对确实解决不了问题的,则由老师指导,学习者自己动手实施。假如学生问老师问题,老师可能会先询问他的同桌或身边的同学会吗?如果他们能解答,老师就不说答案,而是在一旁就做个认真听课的“学生”,这样大家会听得更认真。正是经过这样的培养,“老师”的学生对问题认识更深入,易于进行专业知识积淀与技能训练。将来再出现同样的问题、同样的现象,学生头脑的沉淀会得

到激发,及时反思当时的情况,及时寻找到适当的方法和解决,提高了对这类问题的研究与处理的效率。接下来是分组讲课,课堂扩展至小组区域内,人数增加,小教师可能会有些紧张,但为了在同学们眼前展现得更充分,他会准备得越来越认真。首先体现在学生备课过程十分认真,主动进行小组研讨,深入全面剖析所探讨的问题,广泛采纳教师和同学的建议,力求备课更全面。让优秀生登台当"老师",学生们才能带领同伴主动互助地掌握知识,了解规则,解决问题。尽管学生还没有做到教师讲解的逻辑性以及前后讲解知识点的衔接性,但学生在语言、知识点讲解等方面都努力做到最好,更符合现代学生特征。即便不登台的时候学生也比之前更加认真,如果学生注意力特别集中,并密切配合台上"老师"的布置,学生自主学习、合作研究等都会做到最好。变成了"学生"的老师也参与到教学小组中,与学生更近距离地研究交流,课堂教学环境更加优化,同时还提升了课堂教学的效果。

(二)加强自主学习学法的指导

提高学生的自主学习意识,还需要老师在上课中逐渐改进教学的方法和指导的方式。在课堂教学中,老师要逐渐降低强制和划一化,逐渐增加开放式和选择权,给学生自由思维、探索、观察、创造一个最大的空间。在课堂教学中,曾盛传过这么句话:三流的老师讲办法,二流的老师讲经验,一线的老师讲思维。理解教材是一种研究问题和解决问题的活动,要让他们在自主学习的活动中更有收获,"要我学"还是"我想学",是学生被动读书与自主学习之间的分水岭。让他们熟悉课本的内容系统,了解整体的教学思路,并了解一些知识点的基本技能也是必要的。老师们可利用在自修过程中的激励、引导,以及自修后的表现、讨论等,以调动他们自己学习的内驱力、好奇心等,使他们"想学"。通过细心布局的自修主要各项任务、精心设计好的自修导引性问题来一步步达到他们"会学"的目标。而一旦他们熟悉了自修的主要工作方式,学生就能够自己处理在日常生活中,教学上所遇到的困难提问,使学生的学习责任感进一步强化,进而提高了他们的学习主动性,并有效地培养了他们独立学习的意识。

1.增强学生新旧知识的联系

新知探索的过程中,学生会碰到无法攻破的难题,在老师的指导下学生很快得以克服，不过在自主学习的过程中，要想攻破难题最可靠的方法就是自我学习。教会学生将新知识转换为旧知识，以提升学生自主学习的效率。在教育过程中，教师也应渗透学生利用旧知识解决问题的有效性，让学生学会这样的一个新学习方式，以便使学生突破在自主学习时所面临的障碍。

2.注重学习中的反思，善于自主归纳总结

"经验＋反思=成功"，这是老生常谈的话题，是人们通过长期的探索而形成的成功秘诀。老师的课堂要反省，每个学生的课堂也要反省。让每个学生反省自己与同学之间的差距，将自己与同学进行对比，找到自身的特点，取之精华，提高自己的传统文化素质；让每个学生反省自己课堂上的成绩，这节课我成绩如何了呢？有机会提高吗？培养学生的上进心；让每个学生思考如果在家或者在宿舍上网课，该如何学习，怎么分配时间？培养学生的自理才能；让每个学生反省自身的特点，教育他们充分发挥自己的优点，理性看待自己的缺点，帮助他们完善自己的人格，提升自己的个人魅力。总结整理是学校教学中的一种很重要的组成部分。提高了学生的思维能力，也有助于学习者能够发现更为快捷的方式。教学不要靠死记硬背，寻找规律、总结方法，才是真正掌握学习的硬道理。让学习者能够在成长历程中突破自我，从而发展得越来越好。

3.营造竞争的学习氛围

只有竞争环境还不足以促使学生长期保持积极向上的求学心态，所以必须给他们制定读书的科学方向，方向是他们所有事情的原动力，科学的目标可以提升他们学习的主动性、自主性。总体目标的制定也必须要科学，而且他们可以依靠自身的努力实现。但是总体目标定得太大或过于远大会磨灭他们的兴趣，最终结果只会半途而废。在制定目标的时候一定要很小心，长远总体目标的制定必须要从学校的实际状况考虑，切忌好高骛远，制定出学校实际状况下难以达到的长远效果；短期目标比较合理，但是按照我国大学生的心理特点来看，长远效果难以达到；所制定的长期目标，可以让学员经过自身的不懈努力去完成；任务的难度不能过高，因为难度太高学员就一定要依靠外力才能完成；任务虽实现了，但学员的独立意识就会降低，依赖性也会更强。

综上所述，我们发现大学生主动学习能力的养成，是一项系统的工程。老师的作用更多的是指导、示范作用，在教学方式上也可大胆创新，除较常规的创设学案，提问导学等方法之外，也可试用让学生通过网络的自主学习等方法。但只有切实地发挥老师的主导作用，给学生创造一种良好的思想空间，经过努力地创造学习环境，来充分调动学生的学习兴趣，学生的自主能力才得以有效地提高。

三、作业与自主学习

教师的“教”是为了达到“不教”，也就是在教育过程中训练学生的独立学习能力。为达到这一阶段教学的主要目标，当今的课程设计一般都是以学生为本，将学生的学习成长放到第一位，并将老师的教学职责重点转到了指导学生合作与研究等方面，以增强学生学习活动的实效性。老师布置作业也是学生进行授课的基本环节，有利于他们对所学理论知识的稳固、深化，也有利于学生技能、智慧与创造才能的全面开发，是进一步提高学生素质，理解、巩固课堂教学内容的主要载体，又是联结学生进行课堂内外教育行为的主要渠道。

教师们往往按照“目标导向、自主阅读、自主思考、自主作业、勤于探究”的教育理念，将主动阅读与独立操作有机融合起来，引导学生学习与课程进行互动，有效地为他们的知识成长服务，培育他们主动学习、勤奋探索的良好习惯与精神。当然，这种改变也并没有完全满足于当前的实际情况，其中最常见的就是一个班级中很多知识，技能和知识水平都相差悬殊的学生，让他们全部自己去完成，而各个学校中也会有很多学生没有完成，学生就不得不去“参考”其他同学的作业，而长此以往，也就造成不少学生退出了这门课程的修习。

因此需要让学生切实做到发自内心地和老师的互动，让他们切实得到自主学习的体验，让他们切实获得在思考时的豁然开朗，让他们切实获得从阅读中捕捉到灵感，从而获得顿悟的欣喜，这绝非通过老师的精彩讲述所能达到的。而他们的听、思、读，凭的既是已有的认知与体验，也是更多自身的智慧。而学生所完成的学习作品，也可以说是酸、甜、苦、辣的结晶。正是这样的学习作品，使他们真正感受到了自己不仅是一个学习者，还会随着学习这些作品，一天天地迈入知识的殿堂，使他们不断地品味着自己成长的喜悦。因为每一次作业都是他们自身独到的体验和闪耀，也不同角度地展示了他们思考的成果，发现了他们蕴藏的强大潜力，使他们切身感受到了自我的伟大，他们自信、自强的意志也愈来愈强烈，对死板、枯燥的理论知识产生了强烈的浓厚兴趣。

（一）让作业走向选择

自主学习使他们成了学校教学的主导，在没有老师引导下学生的思维自主对知识点的了解与把握，是他们根据自身的特点来认识的一个主要手段。课后作业也是课堂的主要延伸，在教学作业中应该呈现各个学生知识与能力差异化的教学作业，并根据教材，给各个阶段的各个学生设计了一个多阶梯的教学作业，并设定了各种知识与能力层面的教学作业，让学生自由选择，让每位学习者都能学有所得。让各个学生在课后贴近日常生活，着重在实际的写作中，增加了学生自主掌握的机遇，也充分调动了学生读书的主观积极性，从而使每位学习者都有了自主学习、自由探究、施展才能的机会。

由于大学里班课容量大，且学生水平存在差异，为了促进每个学生的学习发展，设置阶梯习题作业就成为促进每个学生学习发展的重要措施。

应用阶梯式练习的设计，给每位老师提出了很高的要求，需要老师进一步地钻研课本、钻研试卷内容，进一步掌握试卷的设计，并加深对知识的理解，才能使他们的能力和试卷的编写内容相吻合。在这样的练习设计上，对每位学员都提出了一定的要求，每位同学都能够在自己可接受的程度下尽量做到，从中得到成就感。在成功的激励下，许多学生就会更加努力学习较高级的习题，如此一来，他们会一步步成功从而赢得社会尊重，进而产生良性循环，也有利于他们的不断进取。所以，阶梯状练习的设计，也是对于学生成功的一个良好的评价方法。

（二）让作业的完成走向自主

身为教育者的老师，也应当重视被教育者——学生在受教育过程中的主体地位，并因此要更努力地创造教育条件，以尽量充分调动学生的市场主体能力。布置作业时要完全相信学生，并承认学生学习的潜力，由每个学生自主学习。

针对比较复杂的知识点，如果学生没有认真预习，上课任务不能顺利完成。如要引导学生正确练习就需要在组内分配协作，细心设计工作，尽力解答实质性提问。特别是这个作业可以帮助老师更明确地判断出每个课文的关键点、学生的注意力方向和生成重点，有助于老师进一步提高课堂教学质量，从而实现高质量高效率的教学目的。

（三）让作业走向层次

发展无法替代，发展需要主动。教师必须善于在多样性教学中给每个学生提供自由选择的条件，拓宽学生自由选择的范围，并训练自由选择的能力。为了使每一位学习者都能有所得，要求教师必须为各种类别的学习者设计不同的教学作业，但是更为重要的是我们必须要将教师布置作业的主动权让给他们，使学习者按照自身的实际状况，选取最合适自己的作业。学习者过去的教学作业多由教师在课后布设，关于教学作业的数量、教学作业的难易程度和教学作业进行的方式，教师都具有选择权，并以规定的教学规章制度为强制力保证教育措施。而学习者对此作业，却始终处在被动接受任务的状态。因此他们需要很严格地遵照教师所提的要求进行教学作业，而缺乏选择权。让他们自由地选择教学作业，自己发现自身的学业能力和学习的积极性，发现自身前进的力量，对自我有更高要求。学习者不单单满足于书本的认识，还需要寻求更广泛的课外成长空间，这对学生的学业是十分有帮助的。另外，他们通过自己的知识有选择任务的权利，他们不将任务视为负担，并且能尽力地去完成任务。

第三节 大学生自主学习动力发挥状况分析

一、影响大学生自主动力开发因素分析

分析影响当代大学生自主学习动力开发的因素，从系统论的角度看，主要有以下几个方面：

（一）一定层面存在的社会浮躁心理对当代大学生的不良影响

在大学阶段，当学业已经不再是每个学生们面对的唯一的问题，特别是随着社会的迅速发展、经济竞争的迅速增加，升学、就业、择友、爱情、结婚等

一系列问题都开始放到了我们大学生眼前之时，导致大学生们还没进入社会就已经产生了压迫感，而大量的外来文化、生存方法、道德行为准则，以及社会多元化的价值观又给大学生们带来了无法抵御的撞击。这都在不同程度地转移了大学生的精力，也损害了学生的学习动机。

1.市场经济负面因素对当代大学生核心价值观的冲击

市场中原始性的“物质诱惑”与马斯洛需求学说所阐述的人的需要历经从物质到文化精神的发展相吻合，这直接使得一部分大学生审视“君子喻于义，小人喻于利”等传统文化社会价值信条，将“以现实为基础、利益为导向”视为人自身发展的价值准则。当以利益目标作为整个社会经济价值评估与整个社会经济价值选择的依据时，必将引起社会价值主体由社会本位向个人本位的转移，社会价值总体目标将从政治化、理想化、长期化向实效功利化、短期化的转变。

随着改革开放和中国社会主义市场经济的蓬勃发展走向攻坚阶段，社会节奏加快、人际交往越来越功利化、无序竞争加剧、生存与管理工作不平衡、生命健康发展缺乏稳定性的期望、心灵负担过大和自然灾害人祸等，自我危机心态变成了现代性的一个通病。这是一个心态和情感上的市场不确定性，这个心态反映在大学校园，对他们的影响也是不可小觑的，体现出行为盲目，没有思想和规划，处事心神无定，没有恒心和意志，见异思迁，着急求成，没有脚踏实地。

2.“实用主义”“存在主义”等非主流文化的影响

中国的传统文化是由中华民族经过磨砺而积淀出来的，既有历史惯性，它又渗入了大学生的思想与行为之中。但是，随着全球经济一体化时期的来临，中国传统文化和“实用主义”“存在主义”等传统价值观所影响下的中西式快餐文化的多元文化冲突已经成了事实。在注重娱乐和感官刺激的新形势下，人们常常只关注表面而不关注内心，思想更加浮躁了起来。而大学生们则不再去探求事物自身的规律性，认识也就越来越肤浅了。

实用主义相比于扎实的基础知识，更加关注人员的实际水平与职业技能。但是当前社会对员工的综合素质尚不能形成一种全面科学的评估框架。所以，他们把拿到各类资格证书当成了自身“综合素质”的表现。在自学活动中，把掌握的东西有没有经过考核、学到的知识是不是很实用作为判断的重要条件。实用的就学，要考试的就学。他们这样急功近利的学习态度，实际上是对社会急功近利心理的反映。

3.不良社会风气的影响

不良的社会风气，也在一定程度上左右着年轻人的价值取向与言行。近一段时间，关于年轻人负面形象的新闻也不少：考场舞弊，助学贷款不按时偿还，恶意拖欠学费等。人们在惊叹于年轻人这种不齿言行的时候也需要通过现象看实质，其实在年轻人身边存在的恶劣言行也就是现在社会上一些不良行为的体现。在经济社会高速发展的今天，更坏的风气也在产生，令人难以接受。在如此复杂的社会生存环境下茁壮成长的年轻人，肯定也会有灵与肉的斗争，善与恶的搏斗。所以，如果说在年轻人身边出现了道德危机，那它就是一个历史灾难，是与在社会上某个层面出现的功利思维，与淡忘诚信是密不可分的。

（二）学校软、硬条件制约学生自主学习动力的开发

1.自小学到大学教育机制不协调导致学生自主学习意识淡薄

我国传统教育理念总的来说是重知识轻能力，重理论轻实践，重记忆轻思考，重严格纪律轻自由发挥，重知识灌输轻学习能力的训练。在这种传统的课堂上，老师是主体，学生是客体，他们的课堂活动大多也是被动的，是一种接受教学。虽然在这些年来，国家提倡素质教育，同时也有大批学者和实践者将面向小学教育和部分初中教学的引入了自主学习的方式。不过，在“高考指挥棒”制度和中国教学资源限制政策的双重压制下，部分课程仍然以老师为主导，而学生的选择则是比较被动的。不管老师的授课水平怎样，他们一直都没有转变过这个模式。而这个“以教师为中心”的教学方式，长期以来已经在他们心灵中根深蒂固，因为他们已经习惯于这个一切都绕着教师指挥棒转动的模式；习惯于“师讲生听、听师由命”的被动式教学；习惯于在“赶鸭、填鸭、考鸭”的“鸭子三部曲”上，由教师自己赶着走，学生扶着走，教师自己喂着食。总而言之，从小学到高中阶段特别是经过了初高中的六年学习，学生们已完全习惯于以教师传授为主的学习形式，接触了现成的东西，却不愿动脑筋思考，也不愿花时间学习，自主学习意识逐渐淡漠。

2.教育资源不足制约学生自主选择的程度

自主学习强调学习者对自身的学习目标、内容、方式和所用的学习材料的绝对控制权。但由于教育资源的束缚,学习者还没有充分地自主选定好学习目标、学习内容、学习方法和学习材料,因此根本就无法进行真正意义上的自主学习。同时由于当时经济社会的实际发展状况以及中国传统教育思想的影响,国家不仅在对自主学习所进行的硬件与软件建设上还存在着许多欠缺的问题,而多媒体教学资源和可以实现学习者主动性的教学方法也出于不同因素,还未能起到相应的效果。

大学专业没有进行主动选择,使得学生们对自身所学习的专业知识并不熟悉、不感兴趣,这也就从某种程度上折射出了大学设定弊病。就高等教育领域方面来说,一些高等院校由于缺少战略眼光,在专业配置上往往盲目寻求短期内的热点学科。更深刻的因素,就是由于高等院校专业配置的长期封闭状态造成了对高校人才的盲目化。高等学校在学科设置规划时,往往较少根据当前社会经济建设与发展等领域的实际需求,而大多是以学科自身内在逻辑发展规律为依据与基准,而这样发展下的结果便是一些政府投资较小的重点学科的重复性设置问题比较严重,结果就使得高等学校学科设置落后于时代和经济社会的发展,也产生了相应的影响。从学校工作方面分析,部分学生在报考志愿时未能充分考虑自身的个性、学习兴趣喜好、潜力和特点,而一味寻求所说的“热门专业”;也有部分学子因受限于校园资源,没能就读第一志愿中的学科专业。这都是导致学生专业感情不深,学业趣味喜好也不够强烈的主要因素。

学生们对大班上课和采用多种媒体进行教学的模式,普遍表示虽然不适应但是别无他法。因为近年来的高等教育扩招政策造成了在校生数量快速增长,在传统教学资源严重受限的情形下,很多院校也开始选用了大班教学的这么一个新课堂类型,特别是在人文必修课和非专业课的课堂。在一个教师课堂中经常有两个以上自然课的学生,且学生上课数量往往超过百人,或者更多。因此大班课堂往往是造成教师教学状况不佳的一个非常关键的因素:

(1)课堂教学效果差。大班课堂里,老师通常都是选择在能够容纳百人的阶梯教室里进行讲课。而这样就造成了部分坐在后排的同学,听不清教师的授课内容或是见不到教师的板书内容,所以也有同学选择上课闲聊、看小说,甚至干脆不去上课等的消极方法。

(2)课堂教学纪律差。大课教学时学生随意性大,迟到早退的现象远远超过小课课堂。但因为学生过多,老师很难对每个学生进行监控。此外还有部分学生有着侥幸心理,觉得大班教学的学生数量多,就算自己不去也不会被老师发现。

(3)课堂教学缺乏灵活性。无论运用传统的黑板书写教学形式或者多媒体教学形式,现代大班教育大多都是采取了“一言堂”形式的讲授型课堂教学,形式呆板,没有互动性可言,教学灵活性也降低了,其结果就是导致了学生读书趣味的降低。多媒体辅助课堂教学,已经被认为是培养学生主动学习能力的一项重要方式,可是实际教学效果却并不容乐观。大学生们,特别是在中学习惯了传统板书的课堂形态,以及针对多媒体内容过多,速度太快的特点,常常前一个要点还没整理完毕,教师就已经把教学画面转移到了下一个要点上,有一种应接不暇而不知道从何下手的感受,从而降低了课堂的有效性。

此外,实践性教育环节也在高等教育的学习中处于非常关键的位置,对提高大学生的自主学习能力和实验技能水平都是至关重要的。不过,由于高校各院系实验室之间不能做到数据共享,这种相对单一的使用方法和模式导致了实验仪器设备的短缺和闲置的现象存在。一方面,学校现有的仪器设备尤其是大型贵重精密仪器等,无法适应学校实际教学活动中的应用需要;另一方面,学校部分学科的仪器设备利用率较低,也没有充分发挥使用价值和应用能力。这就在较大程度上影响了学生的自主学习。

3.国家对高校工作的评估与考核政策影响自主学习实施

大学有三个职能:科研、教学、社会服务,缺一不可。没有科研,教学走不到前沿;没有教学,科研的成果无处展示;没有社会服务,科研和教学就跟社会实践脱节。然而,目前衡量一所大学办学水平高低的硬性指标(指挥棒)中,学科建设、科研占据了绝对的重量,社会各界亦以高校师资队伍组成,硕士、博士点等数据来评价大学的办学水平;高校对于教师的考核也大多量化为工作量，如论文发表数量、申请课题多少、获得奖项级别等。这些考核结果直接与教师职称、收入密切相关。在高校，教学见效果要很长周期，科研出成果却能够立竿见影。对于评职称来说，对教学没要求，能过就行；而对科研却不行，科研获奖有级别，没有科研成果，职称和工资都上不去。这就造成了很多教师把主要精力从教学转向科研，出现了“重科研、轻教学”的奇怪现象。这种奇怪现象，阻碍了教师投入教学工作的积极性，很少有老师思考、实践怎样引导学生学会自主学习，直接后果是学生们得不到一流的教学。在科研指挥棒下，大学里教不出一流人才，大学生成了“高中后”，研究生成了“劳动力”。

（三）家庭因素对学生自主学习动力开发的影响

家庭是直接影响学生学习生活的因素。至今，我们强调家庭教育的意义多是着眼于中小学，高校阶段则往往把家庭教育归之于校园与社会，没有实际向家庭拓展。其实，高校阶段的家庭教育仍是家庭、校园、社会共同的事业。

1.家庭经济与文化状况对学生的影响

在以往的教育研究中，人们通常把对家庭不利教学的主要原因归结为家长受教育程度低下，家庭总收入较低，学生住房条件较差等，并指出了上述原因均可以影响学生的学习状况。而在研究中，人们也发现了，各收入层次的家庭教育制度均有可能对学生的学习状况产生不良影响。各个低收入层次的家庭产生不利学习环境的原因是不一样的：低收入层次家庭所培养的学生，可能是因为没有来自家长的高期待、高支持，再加上缺乏优越的学习环境，从而使得学生无法专注在学业上；而高收入层次家庭则可能是因为过于丰富的物质满足，使得学生无法对周围环境形成学习需要的刺激。

2.家庭中亲情的富足与欠缺对学生的影响

在不同的家庭环境中，每个学生享受的亲情多寡不一。在丰富的亲情下，学生的精神受到全面的滋养，促进他们形成并激发成为动力。丰富的亲情能够创造出一个快乐、和谐的家庭环境，能够使学生形成理智、积极、愉快的身心环境，其精神得到健康成长，这些都有助于学生平静地将目光放到学业目标上。倘若没有获得良好的父母亲情，或是家庭教育中缺少良好的互动，不能形成一种良性的亲子沟通师生互动，将会对发展中的学生的精神成长造成影响。在这个家庭环境中，家长所采用的行为手段大多是防御型的做法，比如放弃、否定、回避甚至抗拒，所营造给学生的是一种没有安全感的气氛，而这种氛围很容易引起学生的惊慌、忽略、淡漠、神经质等负面情感。如果无法合理地去克服这些感情障碍的话，不仅无法有效促进学生健康心理状态的形成，同时他们还会一直陷入不安定、没有安全感的情绪状态，而无法适应学习生活，甚至严重得无法正常地完成学业。

另外，父母或其他家庭成员的处理压力、紧张情绪、任性的观念和行为方法，以及其在进行自己事业或国家重大活动的决策过程中的某些错误的作风或习性，如粗枝大叶、潦草马虎、拖拉懈怠或求全责任、工作过于精细等，也是在潜移默化地影响着他们，使他们模仿。对这种不良习惯若不进行矫正、克服的话，一旦易转移到学生的认知活动中，便会产生不好的习惯。

3.家庭教养方式对学生的影响

家庭教养方式是学生个体生活环境中的重要因素，家长选择的教育方法影响了学生的心智发展和学习活动。家长对学生的教育方法通常包括民主的、严厉的、专制的、溺爱的、放任的。其中放任的教育方法表现为只管吃穿，其他什么都不管，这两类教育方法对待学生的态度通常都是严厉和惩罚，要么过度干预和呵护学生，要么完全对学生不闻不问。这些单一、粗暴的教育方法并不利于学生的生长和发展，对教学也是产生消极的影响；对学业优秀者的家长而言，通常都是采用比较民主而规范的教育方法，对子女家庭教育的态度方面则大多是说理与示范。

二、大学生个体需要及满足状况对学生自主学习动力开发的影响

大学生潜藏着不同层次的需要，由于其特殊性，大学生在需要方面也表现出自己的特点。

（一）生存需要特别是就业需要得不到满足对学生学习动力开发的影响

生存的基本需求包括了衣、食、住、行等方面的基本需要，是人们保证自己生活质量的最根本条件。而生存基本需要是驱使人类行为发展的最重要

的力量，而只有这种最根本的需求得以实现并能够保证正常生活之后，其他的基本需求方可作为新的激发要素，除此之外，其他的基本需求也就不再作为激发要素了。这几年，高校在贫困生补助方面做了很多工作，获得了一些进展，基本解决了大学生群体的基本的生活需求。但是由于在校生中贫困差距扩大，社会上出现的盲目寻求钱财的思潮也影响了本科生人群。所以，对一定数量的贫困家庭学子而言，资助不仅是指向钱上的，培育他们自强自立的精神就更加关键。

更宽广的另一种方面，由于就业困难，生活上缺乏着落，使得基本的生活需求不能有所保障。大学生毕业后找不到工作的根本原因，在于当前社会结构、经济结构的调整速度明显慢于高等教育大众化的发展。同时因为当前社会结构、经济结构所造成的竞争加剧，对人才需求的与日俱增以及在客观上产生的人员招聘与资源使用上的一些不公平，使得大学生们体会到了以前从未有过的巨大竞争压力，在精神上又陷入了一种充满压力与不安的境地，在无形中增加了大量就业需要。特别是在近年来，由于各院校的大量扩招，不仅在客观上出现了“僧多粥少”的局面。而且更为严重的是，近些年的扩大招生，已驶上了一条恶性循环的轨道：大学生就业难，研究生扩招；研究生就业困难，博士生扩招。但这么搞仅仅把问题延缓了而已，却还不能从根本上缓解大学生就业困难这一种十分严峻的社会问题。因为许多大学生抱着改变命运、改变家庭生活条件的目的而来上大学，但毕业后却直接失业，自身的基本生存、家庭生活问题都没有等到妥善解决，其基本的生活需求也就无法得以保障，使得学生们产生了新的“学习无用论”。

（二）自我同一性发展障碍对学生自主学习动力开发的不利影响

大学生在进入青年早期阶段的另一个标志便是反思，亦即思索自己的大脑中正所在思索的事物、去探求自身的某种趋向，这便是大同一性的发展。这一阶段最主要面临的问题是个人自身内心不同部分，诸如理想自己与真实自我等的统合，以及个人自身与社会环境内部的统一。这阶段的年轻人开始更加重视自身的内在，但因为自身无法确定自己是个怎样的人，所以形成了“我是谁”的困惑，从而对早期阶段被告知的某些观念产生了质疑，并开始以某种不同于以往的方法来思考问题，重新界定了自我。在自主探索的过程中，他们已经可以完全按照已有的智力发展水平思考事物中出现的所有可能性，但他们也开始意识到在自身的思维、感受和实际的情况之间存在着很多不同，因此容易对自身产生不满，批判自身的个性特点，把这种特点和别人加以对比，并努力进行修改。成功者们可以在这个自我摸索的过程中，把自己在各方面所将要担当的角色统合起来，最后成功地度过了受到负面影响的青春期。同一阶段存在障碍的学校，非但不利于正常"三观"的培养，而且会直接影响到个人性格特征因素及其非智力因素的发挥。这一类人学习动机与注意力欠缺或不稳定，没有耐性和学习倾向，注意力难以集中，易心猿意马，心情不安定，常常焦虑不安，缺乏自信，在难题面前缩手缩脚，或者不够细心，行为上要求完美。

（三）尊重需要和恋爱需要得不到满足对学生自主学习动力开发的影响

每个人都希望成为群体中的一员，和伙伴、同学之间的关系更加融洽，保持着友爱与信任；渴望深爱他人，也希望受到他人的爱，从而能够获得真爱；也渴望自己有稳定的社会地位，个人的才能与成绩也可以获得社会的肯定等。从2018年开始，中国在校大学生主要以"00后"为主导，因为他们所长大的家庭环境一般比较良好，没吃过多少苦，也没经历锻炼，但一般自我评价都比较高，有着浓厚的自我意识与表现欲，对自尊的需要也比较强。因为他们都觉得自己已经成年，所以竭力希望挣脱长辈们的所有制约与禁锢。但同时，也渴望自己可以被作为成人看待，被人尊敬、得到信赖、被人征询。强烈地需要精神上的独立，并得到认可。

18岁之后，由于人性生理特征和性意识的成长，以及男生与女生之间交流频次的增加，及社会环境因子的影响，大部分年轻人步入了恋爱状态。单从年龄段上来看，许多大学生正处于恋爱心理发展阶段。此外，由于大学生刚初入学校，对家长的关心还暂时欠缺，而高中时期老师细致耐心地引导也已成过去，不仅在生活上要自主，在学业上也要自觉，正是这样完全的自主生活与无形的压力造成了大学生情感的匮乏，也导致了大学生对情感的要求越来越强烈。但也因为个人经历和自身社会文化背景等方面都存在着差距，不同的时代，在不同的学校都表现出了不同的爱情需要。特别是00后这批情感特点最突出的独生子女大学生们，当他们脱离家长的悉心关爱，在高校里过相对孤独生活的同时，也不愿意主动和同伴们打招呼，却也特别渴望有人认识自己，但他们其实远比上一辈大学生的情感要求更加强烈，使“大学生恋爱”这种永恒的情感主题也不断永恒发展下去。

而实际是，在大学谈恋爱，成功率往往非常低，其成功率降低的一个主要因素便是未来的不确定性太高了。在这个情形下，绝大多数大学生都可以正确处理好学习生活和恋爱关系，但也有为数不少的学生由此形成了很多的负面心情，甚至于绝望。一些大学生“儿女情长，英雄气短”，将恋爱当成对生命的唯一向往；还有一些大学生在感情挫折后长期陷入心灵黑暗期，因失恋而失志、失德，心理影响极大，学业也遭到了很大影响。

（四）成功、成才需要得不到满足对学生自主学习动力开发的影响

每一位选择了大学的年轻人，对未来都有个“梦”，就是成功、成才的愿望。但现实是很多学生进入大学后，不能把握成功、成才的“梦”实现的必然性；本科生还可以竞聘到以前中专生的工作；而博士则只能竞聘到硕士，或者是本科生的职位；几十万乃至上百万的留学人员归来却寻找不到自己心仪的工作……这势必使学生们的成功、成才需求不能满足，产生新的“学习无用论”。

近几年来，中国发生的几个大学生就业事件震动了世界，包括重庆四位毕业生创建擦皮鞋小店、北大学生创建北大猪肉店等，而他们也在社会上引起了不少争议。也有人评论认为本科生卖猪肉其实是件好事情，因为他们似乎只有转变思想才可以在全球性的经济危机情况下寻找饭碗，或者只要一转变观念，大学生都会找到工作。而对于大学生的家长而言，他们应该也不希望他们去卖猪肉，因为卖猪肉对有过很多社会投入的父母和大学生们来说，毕竟不是一种很“体面”的工作；对于社会来说，倘若我们大学生专业领域和工作岗位不对口，不但占用了大量大学教育资源，还将造成整个社会的产出质量降低。所以，并非我们大学生不能卖猪肉，只是一个良好的社会，应该让更多人可以学有所长；而一个正确的社会，应是让更多人可以从事自身学有所长的行业。

第四节 激励理论下开发大学生自主学习动力的平台和措施

一、针对不同层次学习需求,合理构建多层次学习目标

(一)构建高层次学习目标,培养高素质人才

建设中国特色社会主义的伟大事业,是一个艰苦而创新的工作,有许多方面都是未知的领域,面对着现代知识经济的巨大挑战,需要同时具备科学技术的胆识和大无畏的探索毅力,经得起胜利和与挫折的双重考验。当代我们大学生一定要具备为国家繁荣富强,为人类社会前进而献身的强大责任感和担当感,主动投入到实现中华民族的伟大复兴事业中去,以新时期的重大历史使命为己任,抓住新时代发展的脉搏,跟上未来发展的源流,面对改革的巨大挑战,建立起为这个时代的建设和为人类社会的前进作出积极贡献的崇高意志,这也是大学生学习的最高层次目标所在。由这一责任与意志所转化出来的核心驱动力就是一个更高层次的核心原动力,必然能焕发出无限的学习力量。

同时,新世纪大学生发展的标准是高素质人才,高素质人才需要具备稳定的心理能力和坚韧过硬的业务素质,而这东西,又是以牢固的思想道德素质为基石的。人的每个时期的发展都是为下一阶段的发展进行积累,包括思维、道德、学识和技术的积淀与成长。从高等教育的视角出发,基础知识的掌握,对智慧和生活、生存能力的提高,只是高等教育的部分目标,并没有全部含义。当今高等教育改革的重要趋向,便是普遍关注大学生综合素质的养成。这种良好的思想道德素质能够进一步调动人的主动性,也能给学生带来积极的精神追求,能提高他们的思想境界,能促进产生优秀的个性素养。由此可见,学做一个人,掌握自己生活、自主成长的能力,学习作为国家的人、社会的人、家庭的人也是使他们学习的高层次目的。

综上所述,大学生必须具备的不单单是知识和技术,更是一种信念,一条为人处世的原则,一个支撑你走完以后奋斗路的巨大精神力量。这也就是为

什么学校将信念、信仰培育当作核心价值观教育的重要内容,它可以引领大学生自身建立正确的信念、培育学生崇高的道德情操与创业精神,从而端正自身的学习态度。

(二)设置集体目标,营造群体相依互动环境

在大学生学习原动力的激发工作过程中,非常重要的一项主要问题就是怎样将全班总体目标和学生们的个性的共同发展总体目标紧密结合起来。理论上,就是要在各班级营造一群人相依的互动学习气氛,而人群中间相互依靠的突出特征就是为一致总体目标而工作,人群相互之间需要协作,一起监督。学生中间也产生着积极性的互相依赖伙伴关系,对他们积极参与,共享成功经验的奖赏。在这种相互合作与督促的互助情境中,每位成员都尽全力地为团体一致实现的总体目标而工作,并积极地履行团体义务。从具体实施层面,我们觉得首先要加强学校对优秀班集体的传达工作表扬和奖励力度,通过运用各类宣传媒体和网络强力表扬优秀班集体特别是标兵的良好事件,以实现学校把建立优秀班集体特别是标兵当作学校最终目标的目的。更具体说来,就是各班将与本班的全体同学作为一种社群,从每学期开始两个星期内,进行与全班同学的充分酝酿和商议,并按照学校的要求,根据本班实际,制订出适应本班的班级目标和工作计划。并把该方案及实施细则及时通知给全班同学,以实现本班同学彼此间的互相监督、共同进步。

(三)确立自主学习目标,接受定期检查和监督

制定学习目标的关键在于目标的切实可行与效能性,一般而言,制定目标者按照企业实际状况制定了各个时期、各种阶段的目标,并首先完成阶段性的近期目标,然后再提出更高的下一阶段的目标,最后通过逐步完成阶段性目标从而实现企业预期的长远目标。由于学生群体的不同,不同的学生往往有不同的心理、身体、学习状态、学习基础和学习能力。因此,个人长期目标和阶段性目标的制定也因人而异。尤其是在大学阶段,学科多,内容复杂,教学进度快。这些特点决定了大学生在制定个人学习目标时,应综合考虑自身的学习能力和学习习惯,弥补自身的不足,根据自身的学习漏洞有针对性地制定,确保自己能够跟上教学进度,完成学习任务。制订的课程规划,应坚持具体、适当、循序渐进、各个科目交叉开展的基本原则。在实际情况许可的

前提下，一般建议在学期中向辅导员和班主任提出一个与本学期内容有关的详细科学的学习方案细则，之后再由学习者个人按照老师给出的学习方案模板，根据自身的实际状况提出符合自身的学习方案，由辅导员和班主任共同确认该方案的合理性和可行性。学期中可以委托学校好友和同寝室的同学加以督促与指导，学期末则由辅导员和班主任针对该年级的学习成绩对比学业任务的完成状况加以考核，并以此为对他们加以奖励的依据。

二、帮助大学生心灵成长，培养大学生自主学习意识

（一）促进自我同一性良性发展

帮助大学生度过同一性危机的根本就是让高校大学生们形成真正的“三观”，这不仅仅是要在课堂让我们大学生弄清楚，什么样才是真正科学的世界观、人生观和价值理念，同时还要进行实际活动，比如参加访问、观看教育影像、演讲竞赛、社团活动等等，教导、激励、指导高校大学生们在社会现实中，用真正的世界观问题去思索和解决好生命中存在的荣辱、得失和贫富等社会生活问题，并且用真正的人格价值观去解决好个性和其他、个性与社会、国家经济发展方面的人际关系。应该说，当“三观”都树立好了，自我同一性也实现了。

随着现代社会的发展，学校思维政治工作在一方面不断加强课堂载体、丰富社会现实载体、优化学生管理服务载体、完善校园文化载体等的同时，在另一方面也要主动探索具有时代特点的新型载体，大胆开拓学校思维政治工作的新思维，以便更加提升学校思维政治的吸引作用、感染性和服务力。同时通过同学们喜闻乐见的网上即时聊天工具、博客和微博等方式，和广大学生心贴心地进行思想沟通，也使学校思维政治的工作更加具有时代特征。以互联网为平台的思想沟通方式，不但能够免去传统面对面沟通时学生易出现的紧张心情和压迫感，更能够表达同学们的实际体会。这样学校就可以更加有的放矢地进行思想政治教学工作。同时由于不受时间的约束，学生们也能够自由地在不同的时间，不同的场所里和教师们进行沟通，从而给学生思想政治工作创造了更大的自由空间。

微信公众号和微博也是高校思想政治教育的新载体。特别是对于年轻

教师和辅导员来说,微信公众号和微博可以称为思想政治教育的新载体,省时、省力、省心。通过官方账号,教师可以将教学计划和论文上传,方便学生获取信息,为学生的学习提供帮助和指导。此外,通过浏览互联网,我们可以看到对自己和学生都有价值的信息,也可以从博客中提取、整理和使用,将思想政治工作以美丽的图片、优美的音乐、温馨的教育话语等形式展现在学生面前,对大学生进行价值观教育,从而达到潜移默化的效果。

无论是传统的思想政治教学载体,或是把"三观"教育渗透到学生日常生活中的现代思想政治教育新载体,都是在对大学生进行共同的价值理念、行为准则和集体意志的培育的重大前提下,关注学生的主体性,考虑学生的能力,为学生个人发展创造了一种安全、自主的空间,从而有助于学校解决社会同一性危机,促进学生关键性自我同一性的形成。

(二)提高自我效能感

自我效能感对学习的负面影响表现为如下四个方面:①决定学习动机水平。自我效能感高的学生往往有更高的学习动机水准。②影响对活动的选择性。自我效能感高的人偏向于选取超过自己学习能力限度的活动进行一种挑战。这种活动可能是学习活动,也有可能是其他活动,无特定指向性,需要通过结合学习需要共同作用才能产生学习动机。③影响人们的情绪和态度。在学习过程中,自我效能性高的学习者往往热情洋溢、心态饱满富于信心,在战胜困境的过程中有充足的"力量"去推动学生执着追求地去奋斗;而自我效能感低的学生面临问题则产生害怕和不安的心态,退缩、胆小、不自信、轻言放弃。④影响人们的关注指向。自主效率性高的学生能把注意力和努力聚焦在学业的本身,而更注重通过能力自我实现的过程;而自我效能感低的学生则把更多注意力投向可能的挫折和不良的结果,而忽略了合理地利用自身力量去达成学业理想。

关于学生追求成就目标的相关研究认为,学生在学习中的成功目标行为一般包含两类,即学习目标和表现目标。学习目标者在学习中关注学习活动要求掌握的知识和技能,将所掌握的新材料和现有经验整合起来,并力图得到正确的认识。在学习中出现问题时,学生会向老师和他人寻求援助,并认为付出努力终将有回报。学习目标者通常具有某种独立学习能力。而表现目标者则把学业任务视为考验自身才能的社会活动,而不很关心学业任务自身,只是注重本人的自我知觉与公众形象。他们会为显示自身能够顺利完成各项任务和防止错误,而依靠某些不正确的方式(如猜疑、模仿等)完成教学活动,并回避深层学习的方法和较富有挑战性的各项任务,在出现问题时会不求帮助而轻易放手,因此他觉得是自身的能力不及所致。通常认为,表现目标者可以产生自主学习行为就很不错了,但尚不具有较强自主教学能力。但一般而言,为了表明教学目标者自身效能感较低,培养学生的自主效能感具体上可以从下列三个方面来做:

第一,加强努力进步的信念。自我效能感较差的学生通常觉得自己的努力都是徒劳的,但由于学生们在过去的教学岁月里并未找到这样的规律,所以关键就是针对每位学生的实际情况,帮助学生设定切实可行的、经过努力才可以实现的目标,使学生进一步地发现和了解到,如果投入了正确的力量,将会产生进步,并由此得到了努力—进步的感受。

第二,建立对能力的积极信念。帮助他们采取对创新能力发展的多维度的观点,从而树立对创新能力的整体增长观念。自我效能感低下的学生往往对自身的努力持有悲观的态度,他们觉得自身努力低是不可避免的。单纯地告诉学生自己的发展常常是毫无成效的,也就是这个观点与学生的实际相悖,所以只有通过学生在能力的各个方面的积极表现逐渐增强学生对努力的正面信心才是明智而有效的。

第三,减少关注社会竞争。自我效能低下的学生会认识到自身在教育竞争中的弱点,他明白自身所取得的成绩与一些学业优异和较优秀的学生比是很渺小的,因此大学生们习惯于自责和自卑,而很少自豪。当过于重视与同伴之间的竞争和对比时,采用了消退的方法,比如当学生很自卑地告诉老师自己成绩低于XXX时,老师并不作什么反应,而是以忽略来消除他们的注意。

(三)进行必要的归因训练

归因理论也是激励的学说之一。美国心理学家伯纳德韦纳把人类对行为失败因素的分类总结为以下六种原因:技能值、力量、任务困难、运气、身体状况、外界环境影响。以及学生们对行为后果的归因,不但说明了以往行为形成的主要因素,同时更关键的是对今后的行为将会形成影响。也就是说,如果学习者觉得失败是能力导致的,所以通过自身努力学习,在能力方面获得了提高与成就,那么学生在今后将有机会更加勤奋,即使遇到任务困难也能够坚持,则提高了以后成功的概率;但是如果把失败原因归结为没有能力,而能力又是相对固定的,也就是说,即便能力也无法实现,那么学生也很容易放弃,而以后失败的概率也就会相当大。所以通常,学习者们把成功或失败的原因归结为能力、努力、任务难度与运气这四个因素。

教师在实际教学中要有对学生进行归因练习的能力,在对学生实施奖惩的过程中引导他们进行错误归因方式。重点指导他们寻找胜利或挫折的真实原因,特别是针对那种单纯把挫折归结为任务困难、运气原因、外部条件等外在原因的同学们。重点偏向于指导学生将失利的影响归于可控因素,如没有能力或是采取了不正确的教学方式等。调节他们在错误归因中的心态的关键是在"挫折"中能否主动去适应,并非简单的而是艰难地去取得成功。要使学生对工作永远抱建设性的心态,将失利的原因归于可调节、可管理的行为,唯有如此,方可逐渐脱离习得性无助感,进而坚持奋斗去取得成功。

综上所述,大学生自主学习注重其主动性,但其主动性的实现重要程度取决于他们能否获得较好自主学习水平。采用各种手段提高了他们的内心世界,从而有助于学生身心发展,不仅训练了学生的自主学习意识,而且促进了学生的由外在激励因子内化成的责任感,从而形成了自主学习原动力。

三、营造良好外部环境,保护学生学习动机

双因素理论指出,产生动力的原因大致有两种:保健因素和激励因素。政府政策、管理、社会监督、学习环境、教育,以及各种社会关系都被称之为保健因素。保健因素虽然可以减少强烈不满,但却不能增加满意感。之前我们提到部属高校的学生都是具备学习动机和学习意识的,也就是说营造良好的外部条件是能够减少他们的负面心情,从而保障学习动机不被损伤,进而保护他们学习的积极性的。

(一)落实国家政策,改善大学生就业环境

为了缓解大学生求职困难的现象,并减少因此带来的大学生生存风险,

以及生活风险和学习动机问题所带来的社会问题，从根本上解决大学生的各层次生活需求问题，让他们可以全心全意地投身到学习生活中去。近年来国家引导民众帮助偏远地区、弱势群体的措施不断涌现，各地区政府相继推出高校支教、毕业生到养老院挂职等多样化的就业政策。去边远的地方工作、从教等对青年人而言是非常好的机会，也真正缓解了一些应届大学生求职的困难。而近年来本科生入学一扩再扩，似乎已经成为缓解本科生就业困难的主渠道之一。2022年高等教育毕业生人数将超过1076万，关于高等教育大学生就业，今年我国出台各种支持措施，包括职业发展规划、创新带动行动计划、职业发展和扶持行动计划等。不过，对大学生来说，虽然这些政策的出台已经解决了相当数量的大学生，不过对更多的毕业生而言，这还是“杯水车薪”。研究生的扩招政策仅仅把问题延缓了而已，并没有从根本上缓解大学生就业困难的问题，“扩招热”下本科生的就业状况不容乐观，以致造成了研究生就业率远低于本科生、专科生的现状。其实，扶持政策也好，扩招优惠政策也好，我们都应当看到国家的政策是好的，但是实际实施起来就有了一些差异。规划也是有的，但这些规划，不能在根本上给大学生提供解决的思路；又或者是给列出了出路，却不能给予学生一定的资源支持。就我国提出的缓解大学生就业困难现象的对策方面来看，仅有政策是不够的；社会方面，需要对这一群体进行更积极的大力度推广；在求职岗位方面，需要开辟新的渠道，从而避免恶性竞争的就业现象。

（二）加强物质文化硬件方面和学生管理软件方面的建设

1.加强人文校园的硬件方面的建设

硬件环境建设是学校文明发展的重要前提之一，随着近年来各大学对校园的投资兴建，优美的建筑，先进的教学设备，以及赏心悦目的绿地等已经构成了学校人文内涵的良好基础。只有通过不断加强对学校的生活环境与教育人文设施的建设，学校才能形成一种优美、典雅、教育气息浓厚的学校文化氛围。在好学校氛围的建设过程中，注意吸纳他们的建议与想法，并合理考虑他们对好学校的期待和需求，做好有品位与意义的好学校人文景点、景区的设计工作，注意景区之间的区别，对大量没有价值的重复宣传也大可不必。另外，学校在主教室、图书馆、各专业的教学楼群等学生经常聚集的场所，建立了既能体现本校办学思想和学校本色，又能凸显这些场所的人文气息的建筑物，可以是学校雕像，也可以是社会名人的画像，也可以是本校著名教师的简介等，而在各楼梯间也可多悬设一些名人名言和警句，这也有助于使学生更加熟悉我校的办学文化，从而激起学生的归属感和爱校情感。

2.加强学生园区、学生宿舍建设

做好学校园区、学生公寓建设，可以充实同学们的学习和课外文化生活，营造良好的学习和生活环境。在学生公寓环境方面，还可以发挥班主任辅导员的功能，要求学生公寓环境保持整齐、洁净，寝室成员语言文明，营造奋发向上、和谐进取、卫生文明的寝室气氛。同时，要促进学生宿舍的学风建设。重点在制定宿舍计算机使用公约，科学合理利用计算机，在营造卫生有序的自习生活秩序中起到积极作用。可由学生会、分团委具体负责，以倡导、检查等方法，引导学生早起，开展晨读或早锻炼等活动。将文明寝室建设和良好班体建设挂钩。按照学校相关规范，不定期地对学生公寓开展检测，对评出文明寝室和星级文明宿舍的，可以在学校班集体考评中适当加分，通过学校文明寝室创建可以推动学校班集体建设，从而提高学校班集体的凝聚力。

3.加快校园网络平台建设

在这个网络信息发达的社会，利用从互联网上获得的知识作为学生自主学习是一种很普遍的方式，所以我们也要加强对高校网络平台的建设。首先重点是要提升学校校园网品质，综合利用文字、图像、视频、声音等各类媒介，引导学校老师研发多姿多彩的课程。然后，改善老师使用用户界面和管理方式也是一定要充分考虑到的。学校网络平台建设必须兼顾老师和管理人员的现实需要，对老师们来说，必须充分地顾及老师和管理人员的现实要求，即使没有进行过特别训练，也能够根据指南很方便地发布课程。对学习者来说，通过互联网学习应该是一种更加富有灵活性的学习方法，因为操作性方面的简单能够保护学生学习的动机，特别是刚刚开始接触这种学习方法的学习者，但不要因为重复而枯燥的操作过程，会造成一部分学习者由于“嫌麻烦”而抛弃了互联网学习的这种形式。

(三)以班级建设为突破口，培养优良班风、学风

班集体建设目标就是通过班集体的力量和全体学生的积极力、主动和创新能力，把班级集体建设成拥有优秀作风，和谐进取、互助友爱、活泼、凝聚力强、德智体全面发展的集体。班级建设主要可通过这样三个层面来实现：

第一，建立健全学生班委会和团支部等组织机构，形成自我教育、自我管理、自我服务的运行机制，使学生班级工作进一步走向规范化和信息化。

第二，建立健全班级规章制度，以保证班级工作的有序开展。

第三，通过开展班级活动，调动学生积极性，增强班级凝聚力，营造积极向上的舆论氛围，培育各具特色的班级文化。舆论氛围的营造是班级建设的前提，班级文化的培育是班级建设的灵魂。各学生班要通过团委、学生会指导各班开展喜闻乐见、健康向上、生动活泼的主题班会、特色团日等活动，培育具有本班特色的班级文化。

（四）全面提升教育工作者个人修养和业务能力

教师是教育的主体，其知识结构、思想道德、情感意志等都能够在很大程度上影响学生的发展方向。

要培养有品德的学生，老师们首先就应该是真正有品德的人，特别是专门教思想政治道德培养课程的老师们和专门从事思想政治教学工作的老师们。而大学校园时期，正好处在个人、世界观、意识形态逐步建立和定型的时候，因此大学生的效仿性和可塑力都很强，虽然学生有一些分辨真伪对错，善恶美丑的技能，但仍需要正面指导和教化。而事实上老师的工作作风，生活方法，教学方式，待人接物态度等，以至老师的衣着、发型、行为、谈吐等，都对学生有着无形影响。由此可见，老师只有形成了优秀的职业道德，才有资格教导别人，也才能使别人信服，变成别人认真学习和效仿的楷模，而老师言传身教的榜样效应是一切教材和惩罚方式都不能替代的。这就需要作为“人类灵魂工程师”的老师，努力做到谨慎自制、爱岗献身、诲人不倦，以良好的形象和崇高的品格教导和影响广大学生。

四、分析、反馈学习结果，固化学生学习动机

（一）妥善进行奖惩，做到及时和准确

把强化动机理论运用在日常生活的教学活动中，最普遍的表现形式便是教师通过各种外部手段，如奖赏、赞扬、评分等级、竞赛等激发学生的学习动

机,引起其相应的学习行为。

对于“我想学习”这类直接将学习本身作为一种目的的学生,在其基本需求得到满足的前提下,有效强化的一个基本原理是:最好使用那些能起作用的,但不太贵的非物质的强化物。也就是说运用奖赏、赞扬等精神激励手段在较高层次上调动此类学生的学习积极性,其激励深度大,维持时间也较长。

相反,对于把学业当成一个途径或者手段而只是为了达到其他目的的学生来说,在物资奖励激励学生的时候应该避免诱因错误的情况,因为假如学校不把成绩、奖学金、优秀学生荣誉等因素列为学习的理由,则以上这些原因就不存在动机价值。因此针对这些学生,学校一方面要加强对“三观”的教育,使学生可以对学业形成一种合理的认识。同时,要运用人人都有惧怕被否定的心态,而通过以惩戒鼓励的方式对学生加以负强化。这就需要组织学生认真地学习有关的违纪处分规定,而如果在学生中出现了违纪问题,在予以相应的处罚的同时,也必须加以教育。同时还必须对其他学生加以提醒教育,从而防止更多的违纪问题出现。

无论采取奖赏激励或者采取惩戒激励,关键都在于能够建立一条完善的相关信息的交流途径,使得信息可以有效、精确地在激励者与被激励者之间完成传递。有效的鼓励能够增强奖励的效果,从而减少了人们因为“过时”激励而对激励行为所形成的淡漠心态。而正确的激励则有利于学生对自身的言行有一种合理的归因。

(二)发挥学生党员和学生干部的榜样模范作用

榜样的实质就是一个目标,通过榜样的树立,可以激励学生不仅在思想上,而且在学业上以及在日常生活中对榜样加以模范和学习,从而努力上进,并不断完善自己、提升自己。首先,应加强对学生党员和学校党员的典型作为的教育工作,对普通学生发挥教育功能,以此规范普通学生的言行。再次加大对入党积极分子、学生共产党员的教育培养强度,努力提高学生党员教育管理工作的素质,坚持每学期一次的入党积极分子技术培训,每月一次的预备党员技术培训,并做好对学生党员教育管理工作的再教育。对学生干部,要坚持在教学中养成、在养成中应用、在应用中养成、重在养成的指导原则,既要大胆应用,放手让每个学生去做事,也要强化引导,狠抓各项工作执行,切实提高班级管理工作的教学质量和管理水平。高校每学年可以组织一次干部培训,用来培养学生干部,各年级还设立了主体班干事例会机制,每一月不少于一场,并定时组织学校学生干事参加考试,以培养学校学生干事解决实际问题的能力。以党风促班风,促进好校风,严格要求每个学生共产党员和每个学生党员干部,对努力、扎实的学习心理情况和态度加以表彰,实行学生党员和学生干部带普通同学、先进带后进的方式,在班里进行帮扶结对子的活动,以切实培养好学生共产党员和学生党员干部的先锋模范功能,以推动好班风和学风的形成。

激励学生学习动机的方法和手段很多。面对大学生中存在着的智商、人格、个性以及认识方式等领域的巨大差距,教学工作人员要因人施教、因材施教,在教学实践中寻找突破口,并合理地运用各类方法来充分地调动学生学习的积极性,使他们学得更加热情自主,学有成效。

第二章 新媒体概述

第一节 新媒体的概念与特点

媒介和媒体的概念容易混淆，这两者在释义上基本没有区别。英文中媒介是Medium，媒体则是Media。在《新华字典》中“媒介”被解释为“介绍或导致双方发生关系的人或事物”；“媒体”被解释为“媒介，手段”，如传播、教学、视听、印刷媒体等。英文中，Medium是Media的复数形式。在汉语使用习惯中，人们常常将媒介用于比较宏观、抽象的方面，而媒体则比较微观、具体。本节在研究新媒体背景下大学生思想政治教育的过程中，认为媒体即媒介，不将两者加以区分。通俗来说，媒体就是指信息进行传播的某种媒介或是手段，包括进行传播的载体或平台。随着科学技术的发展，新媒体进入了人类生活，近年来，人们对新媒体越来越关注，对新媒体的研究也逐步增加。新媒体深刻改变了人类生活的各个方面。

一、新媒体的内涵

目前，人们对新媒体还没有一个统一的定义。清华大学熊澄宇教授认为：“新媒体是在计算机信息处理技术基础之上出现和影响的媒体的形态。”[①]中国人民大学匡文波认为：“新媒体是一个相对概念，是报刊、广播、电视等传

①熊澄宇．新媒体与文化产业[EB/OL]．人民网，2005-02-01.

统媒体以后发展起来的新的媒体形态。”①

从现有概念来看，有两层含义是确定的。第一，新媒体是受计算机信息科学技术影响而形成的媒介；第二，从时间看，新媒体是新产生的媒介，并随着时间的延续而变化。总结一下，我们可以说：新媒体是一种随着数码科技的发达，以及时代的延续而不断改变的新概念。新传媒，是指在新的科技支撑体系下产生的传媒形式，目前，它是指通过数码技术、网络信息技术、移动通信技术等新兴科技，为受众进行资讯服务的新型传媒。而新媒体的“新”也是相对于“传统”媒体而言的“新”。没有“旧”就没有“新”，“新”是由“旧”发展而来的，也终究将变成“旧”。比如，电视相比于报纸是“新媒体”，但相比于个人计算机，电视则是“旧媒体”了。报纸、广播和电视代表着三种传统媒体。互联网出现后，立即被称为“第四媒体”——它以丰富的信息、迅速地传播和无与伦比的互动性迅速被公众接受，发展势头极为强劲。另外，手机媒体还具备使用方便、普及度高、便携性强、互动功能突出、人性化特点突出等特色优点，它被称之为继网络媒体以后的“第五媒体”。

美国媒体理论家保罗·莱文森（1947—）对新媒体的定义更加独特。在他的论著《新新媒介》（何道宽译，2012年1月第1版）中提出了当代媒介的“三分说”：互联网诞生之前所有媒介都是旧的媒介，它们在时间、空间上都是固定不变的，例如纸质书籍、报刊、广播、电视、电话和电影等。新媒介特指在互联网产生后的第一代媒介，兴盛于20世纪90年代中期。特点是一旦传到互联网上，大家就可以浏览并接收，如Email、数字书店、聊天室等。新新媒介是指互联网上的第二代媒介，起源于20世纪末，兴盛于21世纪。突出特点是信息发布和接收的双向性，用户被赋予了真正充分的权利，如小红书、微博、腾讯QQ、百度贴吧和快手、抖音等短视频平台。

本研究中的“新媒体”就是指上述的“第四媒体”和“第五媒体”，也即网络和手机。而在探讨“新媒体”对大学生及大学生思想政治教育的影响时，着重考虑的是上述的“新新媒介”。新媒体种类繁多，主要包括QQ、微信、博客、播客、微博、搜索引擎、电子邮件、网络电视、数字电视、虚拟社区、门户、简单聚合、直播、在线文学、在线动画、在线游戏、在线广播、手机短信、手机彩信、手

①匡文波．新媒体概论[M]．北京：中国人民大学出版社，2012.

机电视、手机报纸等。本研究后续论述中主要论述与大学生思想政治教育紧密相关的小红书、微博、腾讯QQ、贴吧和抖音等“新新媒介”。

二、新媒体的产生与发展

新媒体(New Media)的概念最早产生于20世纪60年代。“1967年,美国哥伦比亚广播电视网(CBS)技术研究所所长戈尔德马克(P.Goldmark)发表了一份关于开发电子录像(EVR)商品的计划书,他在计划书中将‘电子录像’称作‘New Media’,于是新媒体的概念就此诞生。”从此,人类社会开启了被数字技术深刻影响的新篇章。新媒体的概念提出早于互联网的产生。以信息发布和接收的双向性为特征的新媒体出现于20世纪末,繁荣于21世纪,从此人类与新媒体的关系更加紧密。由于传播技术的不断进步,新媒体保持着强大的发展势头,更多人关注新媒体、使用新媒体、研究新媒体。

(一)互联网的发展

第一阶段是萌芽阶段。互联网产生于1969年美国的ARPANET。1991年,万维网及浏览软件出现,意味着互联网开始普及。1994年,互联网开始从科研教育领域转向商业领域,引发了全球性的互联网热潮。从1994年到1998年,中国网络媒体逐渐成形,以新浪为代表的商业网站纷纷成立,传统媒体开始网络化。第二阶段是快速成长阶段。从1999年到2000年上半年,商业网站飞速发展,传统媒体开始办起网络版,如人民网、新华网等。第三阶段是挫折与崛起阶段。从2000年下半年到2004年,商业网站经历了调整探索时期而重现生机,网络新闻与网络舆论不断成长。第四阶段是全面发展阶段,从2005年到2012年,商业网站人气和点击率都很高,知名品牌栏目已经形成,博客、微博等新新媒介出现。到了2015年,互联网成为自媒体,数据业务更加强大多样,互联网与移动通信、物联网及各类智能硬件深入融合的同时,也与更多的社会领域产生了融合。到2022年,互联网的发展越来越快,技术更新换代也越来越快,越发超乎想象,互联网已经成为日常生活中不可分割的一部分。

(二)移动通信的发展

1983年,在模拟蜂窝网络形成的基础上,摩托罗拉推出世界上第一台便携式手机，俗称作“大哥大”①，这时是使用第一代移动通信技术(1G)。20世纪90年代初，移动通信终端进一步数字化，GSM数字移动电话产生。手机开始从奢侈品走向平民化，到2002年我国手机用户突破2亿，这时是使用第二代移动通信技术(2G)。随着第三代移动通信技术(3G)的产生和发展，手机从移动语音通话功能变成了一种大众新媒体。3G是指将无线通信与互联网等多媒体通信相结合的新一代移动通信系统。3G实现了传统手机和计算机的融合，新式的手机通常能够处理各种视频、音频等多媒体，可以浏览网页、电子商务等，满足了现代人的需求。到2009年，我国正式进入3G时代，手机成为一种新媒体。到2010年，第四代(4G)移动通信系统产生，数据速率不断提高，应用服务内容不断拓展，互联网和移动通信进一步融合，不可分割。2019年10月，第五代通信技术(5G)基站正式获得了工信部入网批准，5G移动通信技术和光纤通信技术将是提供用户网络接入功能的关键技术，它必将是经济、社会发展的巨大推动力。

此外，随着移动通信的发展，物联网出现了，并与移动通信系统及互联网深度融合。顾名思义，物联网是将人与物、物与物连接在一起的互联网。利用互联网等通信技术，以新的方式将控制器、机器、传感器、人与物连接在一起，形成人与物、物与物之间的联系。无法建立联系的互联网产品将失去灵魂。移动改变生活，万物互联深入人心，移动互联网也将与物联网深度融合。新应用、新业务已经纷纷涌现，聚餐可“AA制”网上付款，出行可以直接用手机等智能终端打车或叫专车，附近有食物、住房、游戏和其他信息都能查找。这种衣、食、住、行全覆盖的移动模式深刻影响了人们的生活行为，优化了资源配置和共享。同时，智能硬件已经成为构建移动智能网络的新趋势。可穿戴设备、智能家居、移动医疗等新一代智能硬件产品将成为信息消费领域的新趋势，智能硬件创业热潮即将到来。②

(三)新媒体与传统媒体的竞争与融合

新媒体以其虚拟的超媒体性，信息海量、多元开放性和超时空的即时交互性打破了传统媒体统治媒介的局面。传统的报纸、广播和电视三大媒体的

①周颖，沈艳秋．手机发展史[J]．科技信息，2010(33)：599—600.

②马云．互联网发展大势[J]．中国广播，2015(03)：96.

垄断优势完全消失，新媒体成为过去旧媒体的强有力对手。当然传统媒体也有其优势，人们获得信息、接收信息的习惯不是瞬间就能改变的，有其惯性。转变需要时间，对新媒体的接受、信任也需要时间来完成。而且传统媒体具有的权威性不是一般的新媒体能达到的。所以传统媒体也有其优势所在。

随着时代与科技的发展，传统媒体舆论引导将在保留其自身优点的基础上与新媒体进一步结合，形成传统媒体与新媒体结合的发展模式。传统媒体想要与竞争对手共存，就必须有气度同新媒体融合，互补，以实现共同的发展与进步。

三、新媒体的主要特征

新媒体是数字技术的产品，它具有数字技术的优点：数据传输精确，抗干扰能力强，信息便于长时间存储，保密性好，通用性强等。此外，它还具有能够改变人类和社会的三大特点：第一，从新媒体自身的性质来说，新媒体具有虚拟性和超媒体性；第二，从新媒体传播的对象来看，新媒体具有信息海量、多元和开放性的特点；第三，从时间和空间来说，新媒体具有超时空的即时交互性。

（一）虚拟的超媒体性

新媒体为人类营造了一个具有虚实二重性的“新空间”。这个“新空间”对于经常接触新媒体的人们来说是一个“虚实结合”的空间，具有其现实性和虚拟性，人们时而在现实空间中生存，时而在虚拟空间中活动。这个“新空间”比现实空间多了虚拟性，这对人们而言既是机遇，同时也伴随着新的挑战。适度的虚拟性能满足某些人在现实空间中无法满足的需求，从而使人们的生活更加充实和丰富多彩；适度的虚拟性可以使人们在虚拟中模拟现实，从而更能沉着应对现实。但是，过度的虚拟性也能使人们沉溺于虚拟空间而逃避现实。

新媒体还具有超媒体性。超媒体（Ultramedia）是指超文本和多媒体。超文本（Hypertext）是一门储存、组织、管理与浏览信息的计算机技术。在超文本模式中，信息的主要形态是文本和图形。多媒体技术（Multimedia）是将电脑与视讯技术相结合的新媒体，信息技术的主要表现形式为图像、声音和视讯。通常,超媒体信息技术由五个主要媒介元素所构成:文字、图形、图像、声音和视讯。超媒体把以上的五个新媒体元素和使用、远距离协同、信息回放与保存等新技术相结合,为使用者提供服务。在实质上,超媒体与超文本信息技术是完全相同的东西,只不过超文本技术在诞生的初期,管理对象是纯文本,所以叫作超文本。随着多媒体技术的兴起和发展,超文本技术的管理对象从纯文本扩展到多媒体,为强调管理对象的变化,就产生了超媒体这个词。新媒体的超媒体性使其可以将传统媒体的长处集于一身,让用户根据自身需要而选择。

(二)信息海量、多元和开放性

从新媒体传播的对象来看,新媒体具有信息海量、多元和开放的特点。

第一,新媒体背景下,信息数量无限大。传统媒体的信息量受到版面、播出时间和预计制作人的因素等限制,信息量总是处在一个相对稳定的位置。这些信息量是否满足了受众的需要无从得知,如果这些信息无法满足需要,大家也没有其他更方便的途径去获取更多信息。不过,新媒体的信息没有受什么约束,我们足不出户就能够使用电脑、手机甚至其他终端和网络相连,也能够获取大量资讯。互联网将全世界的个人计算机与网络相连接,通过互联网可以获取世界上任何终端的信息,所以新媒体的信息量就是“世界级数据库”中的数据量。

第二,新媒体背景下,信息具有多元性。新媒体背景下,信息来源于“世界级数据库”,这个“世界级数据库”信息不仅“多”而且“杂”。来自不同文化背景、不同民族背景,不同社会背景的“世界级数据库”中的多元化信息往往使得人们应接不暇、眼花缭乱、难以甄别。

第三,新媒体背景下,信息开放性高。“世界级数据库”中的信息向世界人民开放,人们可以共享“世界级数据库”中的信息。于是,在新媒体背景下,发生在世界上任何时间、任何地点的任何一件事,都有被世界上任何一个人知道的可能。正如麦克卢汉预言的那样,世界变成了“地球村”。新媒体的开放性促进了人际信息互动,促进了人际交往。

(三)超时空的即时交互性

从时间和空间两个维度上来说,新媒体的一个特点就是具有超时空的即时交互性。信息超越了时间和空间，可以通过新媒体即时发送，即时传播，即时接收。同时，信息传播模式由原来的“点对面单向传播”转变为“面对面互动传播”。这种交互不是二者之间的，也不是一对多的，是多对多、面对面的交互。也就是说，一条信息进入了新媒体，它可能会成指数级扩散，而且可以得到成指数级的反馈。

即时交互的另外一个特征是，信息传播的最初状态和被接收前的状态可能不同。传统媒体中，信息在发送时就确定了内容，在传播过程中信息内容基本不发生变化，直到被接收。但是，新媒体则不同，信息内容在传播过程中会遇到各种评论、各种舆论，信息本身也会被传播者们根据个人的目的而有意或无意地改变，到达接收者时，不仅信息本身的内容到达了接收者，随之而来的舆论也到达了接收者。所以，接收者收到的不仅是信息内容本身，而是“信息内容+他人的看法”。

第二节 新媒体给社会生活带来的影响

新媒体改变人类的思想意识，影响人与人的关系，影响人的行为方式；新媒体影响经济、政治、军事、科技和文化等社会各个方面，进而影响了整个人类社会的发展。

一、新媒体对人类的影响

首先，新媒体作为一种科学技术对人类的生存方式影响很大。麦克卢汉的一个观点，“媒介即人体的延伸，一切技术都是肉体和神经系统增加力量和速度的延伸”。[①]他提出一切传播媒介都是人类感官的延伸，报纸是眼睛的延伸，广播是耳朵的延伸，电视是眼和耳共同的延伸，计算机则是中枢神经系统的延伸。他认为，媒介本身就在“塑造和控制着人的组合以及行为的尺度和形态”。[②]技术使人更加完善，具备更多能够跨越时间和空间的能力。其次，

①[加]马歇尔•麦克卢汉.人的延伸——媒介通论[M].成都:四川人民出版社,1992.
②[加]马歇尔•麦克卢汉.人的延伸——媒介通论[M].成都:四川人民出版社,1992.

新媒体作为一种环境对人的影响很大。我国古代的成语“近朱者赤，近墨者黑”，指客观环境对人有很大影响。

古希腊哲学家德谟克利特则认为，人需要通过环境的熏陶、日常的锻炼和教育而获得“第二本性”。①马克思主义关于人与环境关系的基本观点是“一方面环境影响和制约着人的思想品德的形成和发展，另一方面人的活动也在不断地改变着环境”。②我们可以得出一个结论：新媒体增加了人的行为能力，人的思想品德形成和发展受到新媒体的影响和制约，同时人类也在不断改变着新媒体。新媒体以及随之而来的生产、消费、思维模式等的变革，已经深深地影响和改变着每一个人。

(一)对人类的精神活动的影响

第一，新媒体对人类的心理活动产生一定影响。新媒体对人类的认知、情绪情感和人格在不同程度产生了影响。

新媒体对人类的认知产生了一定影响。认知是指“通过心理活动(如形成概念、知觉、判断或想象)获取知识”。首先，新媒体为人类对自身的认知提供了虚拟空间，提供了丰富的手段，使人类对自身的认知更清晰，可以促进人不断完善自身。其次，新媒体为人类认知他人提供了条件，可以从各个空间和时间、使用各种方法来认知他人。再次，新媒体为人类认知其他事物创造了条件。新媒体提供各个角度的海量信息，其结果可能是提高了人类对事物的认知度，也可能是扰乱了人类的思维。

新媒体对人的情绪和情感产生影响。首先，新媒体为人类创造了一个情感交流宣泄的虚拟空间。人们可以不用考虑现实社会的各种约束而自由地在新媒体中满足情感宣泄和交流的需要，这一点对处于亚健康状态的都市人和青年学生保持心理健康尤其有益。其次，新媒体提高了情感交流效率。情感交流是人类生活必需品之一。人类生活在高节奏、高效率的新媒体生活中，可以使用手机短信、微博、SNS社区等新媒体随时随地沟通情感。新媒体提高了人类情感交流的效率和生活幸福感。再次，新媒体可能会造成情绪情感的错误引导。新媒体背景下，信息来源者表现出来的情绪、情感充满了虚

①北京大学哲学系编译. 古希腊罗马哲学[M]. 北京：商务印书馆，1982.

②陈万柏，张耀灿. 思想政治教育学原理(第二版)[M]. 北京：高等教育出版社，2007.

拟性和隐蔽性,会误导信息接收者。

新媒体对人格产生影响。在心理学中,心理学家对于人格的看法有很大差异。综合各家看法,可以将人格概念界定为“人格是构成一个人的思想、情感及行为的特有同和模式,这个模式包含了一个人区别于他人的稳定而统一的心理品质”。①可以看到,人格是一个比较稳定的心态状态和行动方式。首先,新媒体有意识地增加了人的自我意识状态,能够充分张扬于个人,从而提高了人在处理事件时的独特性、自主权和支配性。其次,因为互联网的虚拟性,导致我们在互联网上的活动和实际中产生巨大的不同,“网络中频繁的角色转换会使人们的人格统一性受到影响和破坏,知、情、意的和谐统一出现动摇,容易出现人格分裂倾向及自我同一性的混乱,导致双重人格及多重人格的极端性表现,直至发生心理疾患”。②

第二,新媒体对人类的价值观,尤其是青年人的价值观产生一定影响。价值观是一个人对人生和客观事物的意义、重要性的总评价和总看法。对于一个成年人来说,价值观是不容易有颠覆性改变的,因为价值观是在他的生活中不断实践、思考、总结、再实践、再思考而最终形成的产物,即使是新媒体使他看到全世界多元的价值观,他也会对新的价值观进行重新审视而不会轻易接受。但是,对于青少年来说,在价值观没有形成的时候,新媒体对价值观的形成影响巨大。正面虚拟人物的力量很大,可以对青少年起到良好的榜样示范作用。但是,极端自由主义、享乐主义、个性自由、消费主义、拜金主义、利己主义等人生观、价值观仍然充斥着社会媒体,而这种价值观也借助着各种网络游戏、影视作品等潜移默化地影响着年轻人,而且这种影响是长久而深远、无处不在的。

第三,新媒体对人类的思维方式有一定影响。新媒体背景下,人类的思维更加具有灵敏性、虚拟性、开放性、联系性和群体性。在新媒体时代,人类的生活节奏和学习节奏也都随着技术的进步在不断加快,为了适应时代发展,人类思维方式必然变得更加灵敏且有创造力。

新媒体的虚拟性造就了人类思维的虚拟化,人们习惯于在虚拟空间交际、购物和娱乐,在虚拟空间寻找某种心理寄托、心灵慰藉和心理满足。新媒

①彭聃龄．普通心理学(修订版)[M]．北京:北京师范大学出版社,2001.

②顾凡．试论网络对人的心理影响[J]．黑龙江高教研究,2004(06):158—159.

体的开放性造就了人们思维的开放性。新媒体超时空性造成了人们思维的联系性。人们可以通过不同时域和不同地域的信息来完善自己的思考。新媒体的即时交互性造成了人们思维的群体性，如社区中的讨论、百度知道中的求助等等。

(二)对人类的行为方式的影响

1.人类的生活方式发生了巨大变化

传播是人与人产生联系、人类与其他事物产生联系的重要环节、重要途径。美国学者梅尔文·德弗勒、桑德拉·鲍尔·洛基奇在《大众传播学诸论》中谈道："一个社会传播过程的性质实际上与该社会人们日常生活的每个方面都关系重大。"在新媒体背景下，人类的学习方式、工作方式、娱乐方式、获取信息方式和购物方式等都在发生着巨大的变化。

第一，人类学习和工作受到新媒体的影响很大。首先，新媒体提供了海量的信息和资料。人们拥有更广阔的视野和更多的资源，在新媒体上可以获得解决问题的方法和捷径。其次，新媒体为学习和工作提供了强大的沟通渠道。工作中可以利用新媒体进行资料传送、接收和保存。与人实时互动可以通过新媒体来完成，这对于团队合作是至关重要的，在学习和工作中，团队的力量往往比个人要强大得多。一个在个人计算机终端前的学生，可以通过互联网和即时交互软件寻求解决问题的方向，进而找到解决问题的办法，可以得到相关重要信息，这确实很大程度上提高了工作、学习甚至生活的效率。再次，新媒体的信息需要甄别。新媒体信息多但是也比较杂，不能拿来就用，一些关键信息需要仔细鉴别后方可接受。

第二，新媒体提高了娱乐休闲的质量和效率。娱乐是人们日常生活的必需。新媒体虚拟的超媒体性为大众娱乐带来了更广阔的虚拟空间，为大众娱乐提供了更丰富多彩的手段，提高了娱乐休闲的质量。只要能连接到互联网，随时随地可以进行以游戏、看电影、听音乐为代表的多种休闲娱乐；只要拥有手机，就可以将乘车等碎片化的发呆时间用来放松和休闲，提高了个体娱乐联系性。人们可以通过不同时域和不同地域的信息来完善自己的思考。新媒体的即时交互性造成了人们思维的群体性，如社区中的讨论、百度知道中的求助等等。

第三，传统的信息获取方式几乎被新媒体取而代之。传统的信息获取习惯包括阅读报纸、看电视新闻等，在新媒体背景下，信息可以在方便的时候随时获取，可以不受地点的限制，可以通过新媒体获取需要的几乎所有信息，这比传统媒体具有优势。目前只有少数老年人还延续着传统的获取信息方式，更多的人则从传统的信息获取方式转向了通过新媒体和传统媒体共同获取信息，还有一部青年人则完全从新媒体获取信息。阅读于传统出版物的数量是逐年减少的，而阅读于新媒体的数量却在快速增长，尤其是青年和知识分子群体体现得十分突出。目前，几乎所有大学生都将网络当成认识外面世界和知识的重要工具。

第四，网上购物已成为一部分人的最爱，既提高了购物效率又经济实惠。只需按动鼠标就可以浏览购买各种商家的各类产品，效率很高。网店没有门面费，比实体店的东西都要便宜，经济实惠。截至2021年12月底，我国网络购物用户规模达到8.42亿人，占网民整体的81.6%，网络购物使用率提升至58.33%；网上支付的用户规模达到9.04亿，占网民整体的87.6%，使用率提升至62.64%。

2.人类的交往方式发生了巨大变化

1943年，美国心理学家亚伯拉罕·马斯洛在《人类激励理论》论文中提出需求层次理论(Maslow's hierarchy of needs)：社交需求是处于生理需求、安全需求之上的人的基本需求之一。人们用互联网、手机等新媒体来创造自己的社交网络，一种不直接面对面，而是经由互联网和手机中介形成的虚拟空间人际交往网络。在互联网中，交际主体由数量有限的熟人向无数的陌生人转化；交际场景也由真实感向虚拟性转化；交流媒体也从单一化逐渐趋向多元化，除能够运用传统的话语、肢体语言之外，还能够使用文本、图像、视频、声音等各种载体；交流文化也从一元化逐渐向多元化转变：在互联网环境下，本地文化与异国文化、传统文化与现代文化之间能够充分沟通、交锋、交融，为网络地球村构建了一个多元文化的交流平台。新媒体、互联网和手机为人类随时随地进行人际交往提供了硬件基础和环境保证，满足了人们的社交需求，同时改变了人类交往方式。

第一，虚拟空间人际交往使人们在虚拟空间更自由、真实地展现自我。在现实空间，人际交往不同程度地受到身份、地位、职业、年龄、性别、国籍、道德观、价值观等很多限制，但是虚拟空间的匿名性，使其成了一个真正自由的场所，人们可以抛开一切的限制展示最真实的自我，可以完全按照自己的意愿毫无障碍地与他人交流和沟通。新媒体的这个特点使得人们在虚拟空间中既满足了社交需求，又可以自由地凭喜好来选择和谁交流，还可以自己控制交流的时间，真是畅快淋漓。

第二，在虚拟空间中的人际交往是指一种与陌生人之间的互动方式，是对现实社会中人际关系的有益补充。虚拟空间的产生让许多远在天边、原本毫无交集的人能够相识和联系，并得以沟通和交流。这种联系不同于现实社会生活中紧密的联系，又并非毫无联系，而是若近若远、若即若离的陌生人关系。这种联系不需要付出太多感情，只在需要的时候存在即可，并不要求联系的对象固定，恰好是现实社会中人与人之间联系的有益补充。第三，虚拟空间的人际交往大大扩展了现实空间的人际交往的范围。新媒体为人们提供了广阔的交际领域，可以交往不同地域和不同年龄的朋友，这使他们增强了与人交往的能力，了解更多的不同类型的人，了解更多不同的人生。开阔了视野，增长了见识。

第四，虚拟空间人际交往提高了现实空间人际交往的效率。在忙碌中无暇顾及亲人和朋友时，可以选择用新媒体关注他们。可进入远在大洋彼岸的朋友的个人博客，可利用即时通信软件和世界各个城市的朋友们随时交流。

第五，虚拟空间人际交往对人们存在一些负面影响。虚拟空间人际交往存在着任意性和自由性。做事情始终忠实于自己，就必然对他人更少的承诺，人与人之间的信任度降低，归属感变差。由于自由任意且匿名的特性，使得一些自身道德约束能力差的人走上了违反社会规范甚至法律的道路。

二、新媒体对社会的影响

如今，新媒体不再仅仅是一种基于信息技术的文化形态，而成为人类生存的新空间，即虚拟社会。也就是说新媒体不仅属于技术范畴，也属于社会范畴。“在这个社会中，生产力核心要素的演化由实到虚，由硬到软，由有形到无形，由实物形态到虚拟形态转变，以物质、资本等有形稀缺资源获取财富的方式被以信息知识为主的无形再生资源获取财富的方式所取代。”①一种媒体的出现，绝非突然而至，而是当时社会发展的产物，同时这种媒体又可以作用于社会的各个方面形成一种新的行为方式和社会形态。②人们能够自觉地将社会实践活动向虚拟环境扩展，形成了具有虚拟和现实双重特征的新的人类社会。

“互联网+”是一个新概念。2012年11月14日，在易观第五届移动互联网博览会上，易观国际董事长兼首席执行官于扬先生首次提出了“互联网+”概念，这个概念也被全国人大代表马化腾所认同。马化腾在2015年“两会”中提交建议，将“互联网+”上升为国家战略。李克强总理在《2015年政府工作报告》中指出：“制订‘互联网+’行动计划，推动移动互联网、云计算、大数据、物联网等与现代制造业结合，促进电子商务、工业互联网和互联网金融健康发展，引导互联网企业拓展国际市场。”“互联网+”中“+”后面连接的是各个传统行业，公式可以表达成“互联网+各个传统行业”，这并不是简单的相加，而是指互联网与传统行业进行深度融合，创造新的发展生态。比如“互联网+政务”“互联网+民生（交通、教育、医疗）”“互联网+金融”等等，已经对社会产生了巨大影响。

据新华社北京2015年7月4日电，经李克强总理签批，国务院印发的《关于积极推进“互联网+”行动的指导意见》（以下简称《意见》），是推动互联网由消费领域向生产领域拓展，加速提升产业发展水平，增强各行业创新能力，构筑经济社会发展新优势和新动能的重要举措。《意见》明确了11项重点行动。分别是“互联网+”创业创新；“互联网+”协同制造；“互联网+”现代农业；“互联网+”智慧能源；“互联网+”普惠金融；“互联网+”益民服务；“互联网+”高效物流；“互联网+”电子商务；“互联网+”便捷交通；“互联网+”绿色生态；“互联网+”人工智能。《意见》提出了推进“互联网+”的七方面保障措施：一是夯实发展基础，二是强化创新驱动，三是营造宽松环境，四是拓展海外合作，五是加强智力建设，六是加强引导支持，七是做好组织实施。可见，以互联网为代表的新媒体给社会带来的巨大影响，这种影响受到党和政府的高度重视，新媒体所带来的机遇必将持续给中国社会带来更加快速的发展。

---

①[美]尼葛洛庞帝．数字化生存[M]．胡泳，范海燕，译，海口：海南出版社，1997.

②石磊．新媒体概论[M]．北京：中国传媒大学出版社，2009.

(一)对社会政治的影响

第一,新媒体背景下,政府陆续搭建了各类公共信息平台。近几年,政府在网络上的信息公开,开设微博的现象越来越多。2011年11月初,“北京微博发布厅”开辟政务微博新阵地。新浪微博开始引领微博问政潮流。2011年12月团中央学校部下发通知,全面启动全国高校团组织微博体系建设。到2022年5月,北京市政府新闻办公室官方微博——“北京发布”粉丝数量已达到875万;各大高校的官方微博均处于正常运营状态。

第二,新媒体也在改变着政府和选举。比如,奥巴马在大选中对新媒体的利用十分到位。2012年奥巴马之所以能够成功连任,一个非常重要的原因是他聘请网络营销顾问,利用网络进行政策和个人形象的宣传,赢得网民的选票和资金支持,他选举经费的85%是通过社交网络发起募捐的(总筹款超过10亿美元),所以他获胜后的第一时间向网民表示感谢,“这多亏了你们,谢谢”。加拿大政治学会主席埃德温·布莱克认为“计算机正在改变着我们的政府和选举政治,它不仅改变着政党引导选举的方式,改变着我们关注选举的轮换方式,而且还改变着我们选举出的代表为我们所做的选择,以及公务员们为实现这些选择与我们打交道的方式”。①

第三,新媒体为民众监督政府和官员提供了渠道。在新媒体时代,不但微博问政渐成气候,而且网络监督日益重要,新媒体反腐大戏一台接一台。此外,新媒体可以通过在短期内产生热度,引起人们关注,成了反映民意的重要渠道。综上所述,新媒体对社会发展产生了很大影响。

(二)对社会经济的影响

新媒体创造了新的产业,形成了新的商业模式,成了新的经济增长点。门户网站、搜索引擎、配合网络游戏的网吧、大众传播、电子商务和即时通信等商业模式,这些都已成为中国经济腾飞的新动力。新媒体对经济的影响主要体现在对资金链的影响、对产品链的影响和对贸易的影响三个方面。比如,近年来,百度等网络公司在美国纳斯达克成功上市;新浪、搜狐等传统门户网站和新兴的网站吸引了大量风险资金;2018年《偶像练习生》的独家冠名权为爱奇艺带来了2亿元的收入,而2019年《青春有你》的各项收入则共计达

①刘文富. 网络政治——网络社会与国家治理[M]. 北京:商务印书馆,2002.

到9亿;诸如网络音乐和视频下载引发的文化版权争端,对国内和国际文化贸易带来新的变化。不仅如此,新媒体在科技、工业、农业、卫生、教育、军事等各个领域所创造的间接商机、所创下的间接效益更是无法估量的。[①]

(三)对社会文化的影响

新媒体带来了文化的繁荣发展,使文化更加有交融性,更加大众化。新媒体为文化提供了更形象、更生动、更快捷的传播平台,带来了人类文化的交互融合。由于新媒体的发展,不同国家和地区都有机会更多地接触异域文化。

(四)对社会生活的影响

新媒体对社会生活影响最深刻的是:新媒体背景下的每个人都是信息发布者,都可以成为信息来源,新媒体背景下,个人隐私易于暴露。在新媒体这个“无个人隐私”的时代,一些人利用新媒体特点,通过各种手段追求个人利益。新媒体时代,人们的购物方式悄然发生了变化。阿里巴巴(企业向企业销售的经营模式)、京东商城(企业向个人销售的经营模式)、淘宝网(个人向个人销售的经营模式)等网上商城应运而生,仅天猫商城在2021年“双十一”的营业额就达到5403亿元。与此同时,物流业得到了空前的发展,网络购物催生了快递公司,顺丰、申通、中通等快递公司如雨后春笋般成立起来。

第三节 新媒体与大学生发展

随着人类物质水平与精神文明水平的日益提升,单一接受资讯的方式已逐渐无法适应新受众的需求,所以在经过了传统报刊、广播、电视节目的发展创新之后,网络以其文本、音频、图像等综合性的“富媒体”形式流传,推动了社会传播媒介走向全新的增长布局。新型媒介以其内容多元、便捷的众多优点占据了现代人时尚生活的制高点,为人类的生活留下了巨大的影响。其

①周海英. 从媒介环境学看新媒体对社会的影响[J]. 兰州学刊,2009(06):165—169.

中，运用新型媒介较为普遍、活泼的人群正是大学生，他们富有年轻激情，大学生自身也朝气勃勃，而他们的世界观、生活方式、价值理念等最后成形的重要发展阶段，便是大学校园阶段。其中，由于大学生们对所有新事情都诞生了好奇，不断地探寻、要求新奇事件，并同时具备了一定的接触新奇事件的能力，因此新媒体的运用很快便对他们的日常生活、伦理道德、法制观念等领域都诞生了巨大而深刻的影响。

一、新媒体在大学生群体中的广泛应用

在诸多的新媒体内容形态中，网络媒体和手机媒体是我国大学生最广泛采用的新媒体。中国互联网络信息中心于2022年2月25日发布《第49次中国互联网络发展状况》统计报告中提到，截至2021年12月，我国网民规模达10.32亿，较2020年12月增长4296万，互联网普及率达73.0%。而在网络普及率方面，高中和大学专科以上学历群体仍然占有很大的比重，尤其是大学专科以上学历群体的上网比例已近乎饱和。从中可以发现，由于互联网信息技术、手机等移动信息技术的蓬勃发展，其极大的方便、即时性的特征，使得我们大学生在新兴媒体发展快速地脱颖而出，手机媒介的广泛应用，更作为当代大学生生活中不可分割的一个重要组成部分，对大学生的方式也形成着极大的深远影响。比较于社会中的其他群体，大学生已经具有了一定的社会认知水平，对新兴的媒体信息技术的运用与操作有着更高的掌握能力，以及更多的技术熟练程度。

在学习中，大学生可利用互联网来搜索所学资源，搜索流程简单、快速。如果在学习中出现了疑问困难，这时百度、Google等互联网搜索引擎就变成了重要应用开发工具；在大学生活中，用手机短信、QQ、微信等和同学好友闲聊，已变成许多高校同学业余日常生活的重要组成部分；而逛微博、上淘宝网，俨然变成大部分学生们周末消遣的重要内容；到了寒暑假的假期时，在线订票也变成了大学生们购票的重要选择。而各类新媒体走进大学校园尽管只是短暂的十几年时间，但无论从深度和广度上，早已变成了大学生生活中非常重要的内容，因此更多的大学生也开始和各类新媒体有了更加紧密的关联。

在以社交为主的各大平台中，目前大学生应用比较多的有QQ、微信、微

博、抖音、快手、小红书等。随着对学习和交流的需求，现在几乎全部的学生都有了QQ号和微信号，这也说明了新兴媒体互动方式的高度虚拟性，已经变成了学生主要的交流方法，也成了他们娱乐消遣、维护关系、掌握知识、了解世界的新平台。

在未来，新传媒思想将会越来越深刻地嵌入我们的日常生活、学习、事业中，并让他们的政治观念、伦理道德、法治理念等领域产生全新的变革，从而发生更加深远的社会作用。

二、新媒体对大学生的广泛影响

在形式多样的新型媒介中，网络信息技术与手机传媒技术已经形成了当下对大学生生活负面影响最强的两个新型媒介，它们都属于数字化为代表的新型媒介的领导者，而大学生自身也成了领军者中的最先感受者，在给大学生的学习方法、交流方式等造成了全新冲击的同时，也让其整个受教育的流程被新型媒介时代所冠名。新媒体的许多优点如开放式、自由和互动式等，使生存在这里的青年一代特别是大学生的生活方式与中国传统媒体时代一样，都出现了巨大的改变。

（一）新媒体对大学生日常生活的影响

1.虚拟性与现实性并存的交往方式

互联网的诞生和发展，给人们提供了一个崭新的时代，从而也诞生了很多全新的媒介形态。当E-mail、QQ、微信、微博、短视频网站等在年轻人中得以应用之时，年轻人的社交模式也出现了相应的变化。新生媒介中有着相对开放性的社会氛围，这也是传统媒体的社会引导所无法比拟的。而开放性与自由化的社会特征，则使得年轻人们在其中能够无拘无束，畅所欲言，向往独立、张扬自我便成了年轻人们最真实的社会标签。匿名性的独特优点，也成了新生媒介吸引年轻人的特殊之处。在具有匿名性的条件下，中国大学生们能够自由自在地表达思想意见，外部的干涉和影响也毫无顾忌，一跃成为知识的推动者和主导者。如此，便构成一个彼此既互相关联又彼此割裂的世界领域，即虚拟世界和真实世界。

生活在虚拟的空间里，高校学生们一方面能够宣泄自身的情绪，抒发自身的情感，一方面阐述自身的见解，用更加公开、更为公正的话语权，来处理自身在物质上与精神上的问题。另一方面，虚拟空间的高度匿名性也导致了部分大学生觉得，自身能够不受现实道德与法制的束缚，可以恣意妄为，把不良作风在产生时必须履行的社会责任抛诸脑后；而另外一小部分的大学生日趋醉心于虚拟世界，甚至陷入其中而无法自拔，因为虚拟性占据着全部心灵，总是不自觉地将网络世界的虚拟功能代入现实世界之中，与现实中的人际关系形成了疏离反应，并最终造成了对人际关系的淡漠感觉，这就很容易形成躯体上与心灵上的一系列病症。

在新传媒大放异彩的当今社会，以真实世界为基础的虚拟社会正日益壮大，这对真实世界而言，不仅是一个危险信号，对大学生自身的发展也是一个威胁。所以，在大学阶段的思想政治教学中要把虚拟与现实之间的复杂关系正确地处理好，才能实现人的虚实全面和谐发展。也只有正确看待虚幻和真实的复杂联系，才能解决好在虚拟世界和真实世界之间的问题，最后才能达到人的全面和谐发展。

2.多样性与依赖性并存的学习方式

生活在新媒体的时代里，新媒体技术正以其普遍性、便捷性等优点渗透到在人类经济社会中的诸多应用领域，而教育便是当中一种。对大学生自身而言，新媒体的广泛使用，大大地拓展了他们获得专业知识的渠道，大大扩充了其专业知识储存的容量，同时也可以帮助他们在最短的时间里掌握最丰富的专业领域基础知识和最前沿资讯，从而大大提高了学习的效果，开拓了他们的眼界，也大大扩展了他们的认识面：对高校本身而言，由于新媒体的应用，彻底改变了传统的教学方法，使得教学模式更加丰富多元、灵活化，同时具备了很大的针对性。互联网本身所具备的开放式、交互式和虚拟性的特征，使受教育者在教学活动中的主体地位获得了提高，在网络信息技术的支持下，他们能够进一步发挥、拓宽自己的语言文化空间，在选择权上逐渐产生了主动性和自觉性，从而创建出了一套特色鲜明的网上话语系统，教学方式也开始逐步趋向平等化。在这个模式关系中，教师们能够不断丰富其教学方法，不但能够打破实体对课堂教学的束缚，同时还能够实现资源共享的教学目标；教师们能够把与课堂教学内容密切相关的各种知识点利用互联网实现信息共享，使之通过与图像、音频、文本等结合的“富媒体”形式展示起来，既直观，又形象，让受教育者不仅可以自己掌握，而且还可以提高学习兴趣、提升教学效能，从而取其所长，补其所短，量体裁衣。

新媒体科技的不断发展促使中国大学生的学习方法趋于多元化，然而在提供了诸多便利的同时，却让部分学习者对其形成了依赖性。凡事都过分依靠互联网的资源共享，而没有个人的自主探索精神：通过最基本的复制粘贴技巧，就可以很简单地完成一次作业。如此一来，极易让他们形成认知上的疲劳，对网络的依赖性加大。所以，针对新兴传媒技术造成的学习方法上的变化，我们大学生思想政治教育工作者要辩证地对待它们，在使用的同时，也要降低他们对新媒体的依赖性，让新媒体真正变成教学过程中的有力工具。

（二）新媒体对大学生政治思想的影响

大学生政治思想的形成，通常都和自身所能接触到的信息有着直接联系，而这些信息有的来自书籍，有的则来自网络。在中国，任何人自入校那一日起，所受到的都是马克思主义教育，在漫长的求学历程中使学生接触马克思主义，并利用马克思主义的态度、观点和方式解决问题。在新媒体平台中，不同的政治理论、政策观念也纷至沓来，在拓宽了大学生眼界的同时，也对他们长期培育自己的政治立场提出了挑战。

新媒体的发展也伴随着大学生的成长，在发展的过程中产生了形形色色的社会主义、价值观和信仰，而这些都破坏了传统马克思主义与政治学信念的“一元化”局面，使得大学生们在世界观、理念、价值观等形成的阶段中形成了与政治学信念的分离，而这个分离中最主要的体现就是共产主义信仰的弱化。由于共产主义信仰是当前社会的主导思潮，且大多以教师讲课的形式给学生们授课，单调的传播方式易让一些大学生们对主导思潮产生反感，反而去追随新奇、陌生的思潮，将之视为政治信念，如物质主义、拜金主义、功利主义、享乐主义等。对年轻人而言，新媒体被利用时最大的用途就是玩乐，无限的资源、海量的资讯使年轻人陶醉其中，而乐此不疲，比如各个类型的聊天工具、数字咨询、网游等等，而这些都主导着年轻人大部分的生活，并最终造成了年轻人政治敏锐性的下降、政治激情淡漠。所以，利用新媒体时要秉持适度原则，绝对不能将它变成影响年轻人政治思维的推手。

(三)新媒体对大学生思想观念的影响

大学的校园生活内容多姿多彩,及时地了解国内外发生的重大时事要闻,并关心中国政府的各种重要政策措施,已变成我们大学生日常生活的内容。对我们大学生自身而言,可通过登陆如人民网、新华网等几个主要网络,也可订阅手机报如人民日报、新华日报、学习强国等,来进一步增强自己对中国特色社会主义核心价值观的掌握,对党的重要会议精髓的掌握;他们还能够透过查看微博,知道国内外突发的大事,以及围绕着身边的家长里短。由于接收资讯的广泛性、多元化,让我们大学生的思想观念也更加丰富以及多样化。

一方面,新媒体的产生充实了大学生思想政治教育的内容,在传递信息与接受新知识的过程中,实现了思想教育工作者与被教育者之间的平等交流,进而提高了大学生思想政治素质教育的有效率性与针对性。在传统媒介占主导作用的时代里,我国政府对电视、广播、期刊和报刊等这些新媒体,实行严格监管的政策,而这种媒介也一直都是各级政府的耳目喉舌,主要宣传社会主义主流价值观念与中华民族优良的教育,传播形式一直都是简单的“一对多”方式,而将其运用于思想政治与教育界时,则是在课堂上教师一个人的爱国主义演讲,甚至是简单枯燥的先进教师个人事迹的报告会。但是在新媒体的发展环境里,互联网社会开放性、自由以及双向性的特征,为人际关系提供了广阔的交流空间,各种心态、不同文化、各种社会间的阻碍将一一被攻克,即时通信能够让人类自由自在地,不受时间、空间和地理的约束而实现沟通。

例如,随着感动中国2021年度人物颁奖典礼的播出并通过新媒体的宣传之后,网络上激起一股感动的暖流。节目播出之时,中国网络电视台同步播出了2021年感动中国颁奖典礼,利用全媒体平台进行宣传推进:在腾讯网、新浪微博等门户网站上,感动中国的专区被设置在了显著位置,通过文字、照片、视频等详细介绍了每个感动人物的故事,新浪微博搜索“2021感动人物”的留言达几十万;同时,感动中国的视频也在微信等新型通信工具中广为流传,一时间,道德春风吹遍中国大地。如今,无论你身处哪里,每一个人需要援助的微博一旦发出,便能受到数千,甚至上万名网民的关心,浓浓爱意终于汇成了爱心的江河,一人的绵薄之力终于凝聚为强大的力量,去支持所有身处困难中的人,体现了一个人大公无私、友爱奉献的传统美德。从这一点上来说，新媒体对我们社会主义思想观念的塑造，比传统媒体更为无声细腻。

另一方面，新媒体传播的信息中，也夹杂着许多与我国主流价值观相悖的思想观念。借助网络，中国大学生能够认识到许多西方传媒，如美国CNN、BBC等对于我国问题的一些错误报道，对事实加以扭曲渲染，使一些中国学子对社会主义思想在我国的发展前途产生了质疑，一味地宣传适应于西欧资本主义生产关系的资产阶级执政思想，这既是对中国传统思想观念的影响，又是对新生社会的另一个影响。所以，我们应该平衡好新媒体所可能造成的影响，并运用新媒体的传播优势，把它当作有益于我们，能够增强自我文化道德素质的手段，而不要被多元文化和多元意识形态所误导，由于没有判断力和自制力而成为新媒体的奴隶。

（四）新媒体对大学生道德行为的影响

新媒体的独领风骚，使大学生的思想道德价值理念产生了巨大的改变。随着中国社会主义市场经济的进一步发展，年轻人的物质意识水平将得到进一步提升，在与新媒体信息交流的基础上，能够更加深入地交流不同思想道德价值理念，进而做出适应社会现代需要的有利于自我发展的道德认识，从而形成了不再中规中矩的社会道德行为。这都表明了，年轻人的道德价值意识已经从绝对单一型走向了相对多样化型，在崇尚自身价值的同时，也更强调利中求变。但是，鲜花和陷阱总是共同出现的。当新媒体发展，使我们大学生价值观念得以进一步丰富与发展之时，不少错误、腐朽、落伍的内容，仍然干扰着我们大学生建立正确的道德观念。

一方面，很多负面、错误，甚至极端的思想观念，严重影响了他们对中国主导思想文化的认同感，从而形成了各种形式的价值理念，比如功利主义、利己主义、极端主义等等；另一方面，对中国传统的道德认知和道德追求，也体现得越来越冷淡与麻木。因为他们觉得中国过去的传统道德要求已经过时，已经无法满足中国当代经济社会发展的要求，所以他们要求自己，时刻以自己利益为核心，追求高物质生活，并强调利己主义；对于崇高的理想，总是觉得它们遥远缥缈，于是选择事不关己，没有追求更美好事物的动机。最后，由于传播方式的公开化、透明化，社会主义建设过程中隐藏的问题和缺陷越来越明显，不少社会生活中出现的现象被新闻媒体披露，针对这种情况，人们会出现极端主义情绪，否定社会主义在中国的发展中的贡献，前途未卜，过度地只关心社会上出现的黑暗，而忽略了社会主义为我国的建设带来前所未有的生机和成就，道德认识极端化。

（五）新媒体对大学生法制观念的影响

互联网丰富了大学生的法律知识资源，也突破了传统学术上的空间局限，扩展了学术途径，便利了大学生对法律专业知识的掌握，也提高了高校法律教学的有效性。不过，互联网世界上的无序与纷乱更是现实社会中无可比拟的，良莠不齐的个人信息处处清晰可见，各类利益诱导肆意泛滥，中国大学生的法制环境也十分复杂。在互联网中，所有人都可能通过发展自身的趣味嗜好，来隐藏自己的身份。因为互联网具有隐蔽性，追责的成本大，有时候就算说了过分的话或者做了过分的事也没有受到惩罚，这在一定程度上削弱了中国大学生的法律意识和社会职责，进而造成了网上犯罪行为的产生。近年来，在众多的网上违法犯罪案例中，大学生所占的比重也逐渐上升。其中，网上诈骗、网络犯罪、网上诽谤等刑事案件也时有发生。此类行为的出现，也揭示了当前中国大学生在法制观念方面所出现的问题。由于缺乏最基本的法学素质，也没有法学知识，而网上的虚拟功能也让中国大学生走进了对法学的误区，从而导致大学生在网上中放纵了自己的言行，觉得在网上的任何活动都没有得到法律法规的制约，所以在网上为所欲为。“以理想信念教育为核心，深入进行树立正确的世界观、人生观和价值观教育；以爱国主义教育为重点，深入进行弘扬和培育民族精神教育；以基本道德规范为基础，深入进行公民道德教育；以大学生全面发展为目标，深入进行素质教育”，这是在新时代加强与完善大学生思想政治教育工作的重点任务。在新媒体不断蓬勃发展的时代背景下，大学思想政治教育工作者们必须看到大学生思想政治教育和新媒体之间的重要联系，在合理运用新媒体资源的同时，继续开展大学生思想政治教育的方法改革创新，以进一步提高大学生思想政治教育的水准。

三、新媒体环境下大学生自主学习的行动选择

大学生是经济社会蓬勃发展的力量与源头，是社会创业的主体，大学生自主学习方法对一个民族的崛起具有不可忽略的推动意义。在传统媒体教

学环境下，学习内容呈现方法简单、储存的资料量较少，致使大学生机械死板地被动接受知识点，忽略自己的主体能力，这个问题严重危害学习者的自我蓬勃发展。从目前的总体情形来看，传统媒体教育环境条件下大学生的自主学习能力现状堪忧，这不但会极大阻碍其未来发展，也与现代社会对大学生素质的需求格格不入。

所以，教育工作者必须高度重视这一问题，并加强培育大学生的主动学习能力，使之更符合时代发展需要。

（一）新媒体催生大学生自主学习新模式

当今社会，新一代的媒体设备，已经逐渐变成了当代大学生获得专业知识的新渠道，也日益催生出新型的主动学习方式，主要有移动学习、互联网学习和慕课等新型自主学习方法，具体包含：

1.移动学习

在新媒体环境下，移动学习也应运而生。移动学习主要目的是对学习者的学习活动提出帮助，通过学习者个人行动将有效的学习资料传递给学习者，有助于学习者更有效、方便地获得到其需求的相关资料。从活动形式看，移动学习也可能出现于日常生活情境中，个体通过自己收集资料完成课程，也可以和专家或其他学习者进行互动。

2.网络学习

网络学习，是指利用现代社会各类互联网技术所进行的一项全新的自主学习方法，在这种自主学习模式下，学习主体不但必须自主地控制整个教学活动，还必须为自身制定好目标、策略、时间，以及整个学习活动的产生、进展及其变动过程等。网络学习中的学习活动主要是由学习者自我管理，并接受学习者的内在心理状态和外部环境等多方面的影响。

3.MOOC“慕课”

MOOC“慕课”是新媒体环境影响下产生的最新的学习方式之一，它给学生提供了前所未有的“福利”，能够让学习者享用全世界最优秀的教学资源，并自主选择所学的具体内容和时间。教育部科技发展中心原主任李志民说：“向公众提供慕课，不仅可以扩大学习的影响力，更是扩大生源、占领高等教育市场、建设世界一流大学的重要战略举措。”因此，高等教育要以“慕课”为契机，对如何推进教育改革、提高教学质量这一问题进行思考，这才是当下教育界最重要的课题。

（二）新媒体环境提高了大学生自主学习效率

新媒体环境是指媒介组织在知识传递、运营活动以及人际交流中所提供的一种氛围，与参与者的活动方式融合后产生的环境。它是在互动流通中产生的一个全新的环境而并非单纯的物体叠加。在新型的媒介环境下进行自主学习活动，学习者就能够进一步发挥和增强自身的创造力，并发掘自己内在的潜能，所以，大学生的形式转变也是顺应时代发展趋势的充分体现。近年来，大学生运用新型媒介环境进行自主学习活动的现象也越来越常见了，其所存在的优点与特色主要表现在以下几点：

1.优质教育资源得到充分利用

信息媒介条件下的教学资源是在优秀教学的领导下，通过网络教学的创新研究产生的，其课程内容体现着技术的发展与社会的进步。教师队伍中涵盖了顶尖的技术专家、高级技师、工程专家、艺术家和文学家等各方面的杰出人才，以致教学资源充分体现了技术的最新进展和各个行业的最新动向。这对大学生而言是极为难得的知识平台，不但可以了解到最新最有价值的知识资料，同时也可以得到行业内最权威的技术支持，同时优秀的教学资源也获得了充分有效的使用。

2.有利于培养创新型人才

培育创新型人才不仅是建设现代化强国的核心要求，而且是中国教育的首要目标。利用更多媒介进行自主学习的方法，学习者可以在缩短课堂学习时间的同时，也能够将更多的时间用来实践知识，从而真正实现了“做中学”。因此当代大学生已不再是只能在课堂上被动接触理论知识的学习者，他们还必须通过多作社会实践以提高自身实践能力，多作研究性的课程才能发散思考空间，多接触社会活动才能及时掌握社会上对人才素养的要求。

3.有利于教师资源的节约

传统的课堂学习理论知识已经成了学校课程的主要形式，也成了应用最为广泛的学习方式。由于学习者往往缺乏独立性，既无法自主选择上课时间、学习场所，也无法自主选取课程内容、自己掌控学习时间，要根据时间与老师一起去做授课工作。比如学校的一次公开课，老师们都采用了相同的课件，同时讲解一堂课，而学校的教师管理部门为了提升效果需要做教学检查、教师监督等。那么下一批学生，如果老师仍然是讲解相同内容的课程，学校教师管理部门也还是同样的教学工作。也就是说，大家都在做重复的教学工作。但如今，我们已经能够利用多媒介中的网络课程解决，一个好课程，白一个高质量的老师讲解即可。把普通老师授课改为集中讲解重点和难点，针对性指导。教师转换的重点，更多的是进行实践性教育以实现培育创新型人才的目标。

（三）新媒体环境下大学生自主学习的价值分析

自主学习作为一种学习方式，它不但能够有助于大学生发掘专业知识的深层含义，而且促进了整个社会的发展前景，从而形成终身学习型社会。所以，在新媒体环境下大学生自主学习具有很大的实践价值。

1.促进社会发展和进步

由于新传媒科技的突飞猛进和社会生产力的快速增长，学习本身就变成了人的发展的一个需要，而新科学知识的迅速增长也使人类意识到了自主学习的重要意义。在新型媒介环境下，主动学习的形成要求教师们需重视与个人的差异，以实现促进人类社会发展进步，建设学习型社会的总体目标。学习型社会，需要个人作为推动自己文明提升的新主人，整合到社会所有教育系统中，都有着无法取代的价值。所以，我们每个人都必须强化主动学习意识，端正学习态度，培养自主学习才能，拓宽学习范围，才可以构建学习型社会。

2.推进学校教学改革

在以往的教学活动中，由于多种因素导致了大学生的主体意识不强，服务主体能力较差，比如教学资源的不平等分配，区域的不均衡，以及每个人都没有平等获得教育资源机会。以往的课堂教学过程较为严肃而死板，课堂大多以“填鸭式”的方式展开，漠视了学生的兴趣爱好，对课堂的评判指标也较为片面。这样的教育过程导致大学生思想僵化，创造力不足，没有自己独特的思维。所以，我们要鼓励大学生自主学习，引领大学生敢于怀疑知识，指导大学生积极开展探究式自主学习。不但适应当下素质教育的需要，同时对于高校基础教育课程的变革也具有积极的推进意义。

3.平衡学生个体差异

因每位大学生的基础不同，综合能力有所差异，所以，大学生也可采用自主学习方法来缩小差距。在新媒体环境下，大学生自主学习能够按照自身的兴趣爱好去选取学习资源，从而逐渐获得更强的自主学习能力，这将会让广大学习者终生获益。新媒体环境下开展自主学习同时还推动了教师的专业化发展，而开放性的课程时间、目标、教学内容等更能激发广大教师的学习动机，从而改变广大教师的教学理念，培育广大师生的自主学习意识，从而建立终身学习的人生观，最后实现平衡学生个体差异的目的。

第二章 新媒体时代下大学生线上自主学习问题分析

第一节 新媒体环境对大学生线上自主学习的影响

一、搭建理想学习平台

(一)学习环境更加优化

1.海量的学习资源,满足个性需求

在新媒体环境中,信息的总量越来越丰富,信息的类别也越来越细化,信息的载体形态越来越多元。目前,教育科教类信息内容已成为获取信息的主要类型。学生一方面能够利用新媒体获得大量的学术资料,从而及时了解并掌握到所学专业领域的前沿专业知识与资讯,从而拓展了自身的知识面与眼界;而另一方面,学生又可以不受地理局限、空间受限地接触到来自各地的教学资源,从而取长补短,启迪思路。也因此,学生能够按照学业要求、根据自己的兴趣掌握相关的专业知识与资料,并进行自主学习与独立研发,从而完全实现了学生个性化的学习需求。

2.多样的呈现形式,激发学习动机

新媒体的飞速发展和创新,使文字、图片、视频等媒介传播的形态被更高效地集成了起来,并借助新型的媒体媒介形式加以展示,通过各种新媒体形态的深度融入，给学生创造了一种较以往更为生动的立体的虚拟教学情境。随着大数据分析时代的来临，分析信息更为结构化，展示形式更加具有吸引力，主动满足了青年学生对学习的需要，极大地调动了学生的学习兴趣，并在不知不觉中提升学生的自主学习能力。

3.便捷的获取途径，提高学习效率

学习效率的提升有待于学习资源获取的便捷性。在媒介条件中，资料的获得途径多，获得途径快捷。学生能够使用内容编辑的方法从各种资料库中自由地查询信息，调用最有效的知识来源进行学习，内容筛选的质量大大提高了，而知识质量也得以大幅度提高。另外，个性化的自主学习系统、虚拟实验室等教学方式也可以有效提升学生的自主学习能力，并通过目标激励、流程管理、结果反馈等过程设计，指导着学生进行自主学习的进程。

4.优质的资源共享，促进教育公平

新媒体的开放性特点，意味着将全球的大学教学共享变为可能。广大学生能够利用远程网络教学、视频公开课、慕课等多种形式，获得全球一流大学的教育资源，与全球一流大学的学生开展互动式交流学习，从而获取全球一流大学学分。各类教育互动平台的设置，不但能够增进各个学生的互动，还可以实现数据共享。优秀的教育教学资源，突破了时间的局限，直接送达每位主动学习的学生手里，这也意味着教育资源公平的实现。

（二）学习方式更加多样

1.交互式学习，增强学习自主权

在传统媒体时代，老师—学生单向的灌输式课堂教学占据主导地位，掌握知识的老师在教学上具有绝对权威性与控制力。新媒体的诞生颠覆了这一模式。学生和教师能够随时随地采用即时交流、网络互动等形式进行教学活动。学习行为突破了时间与空间条件的束缚，老师和学生不再束缚在一起，他们的教学资源自由掌握，学习时间、学习形式自由，老师的教学变成线上与远程方式进行，教师交流由“面对面”变为“线对线”，互动和交流变得更加轻松自由，让课堂教学的实施打破僵化的方式，变得自由、灵动，进而变得舒适高效。师生之间的关系更加平等、和谐，更加有利于大学生身心的自由发展。①

2.协作式学习,促进探究性学习

学习伙伴也是在新媒体环境下大学生自主学习活动进行的主要外部因素。在学习过程中出现问题时会积极寻找帮助,是自主学习的主要特点。新媒体环境下,学业目标一致、学业兴趣爱好相似的学生更易于利用网络聚合到一起,共同构建交流平台,形成协作体。大家可以相互协作,各自提出新观点,启迪灵感,共同解决新问题。在协作学习过程中,各种个体的智力相互碰撞、交融,认识深度进一步被发掘,知识结构不断完善,呈现了积极探索学习规律的积极态势。除构建学术共同体以外,还能够通过直接使用求助产品实现网络求助,比如利用百度搜索、爱问知识人等基于搜索引擎的交互式知识问答平台,以实现在新媒体环境下人与人之间更大范围上的认识交流和合作学习,从而推动探究性学术的不断深入。

3.非正式学习,推动终身学习理念

非正式学习是学习者根据自我需求,自我发起、自我调节、自我监控、自我负责的学习,是一种主动的、个性化的学习。它不一定要有具体的目标,也无须制订详尽的学习规划与学习策略,而是通过对多媒介环境下片段化认知的一次积累复习。非正式学习不是明确一定的学习时间、地区、场合和学习内容,而是鼓励学生群体与个人间即时或非实时的交谈、互动,是一个生活化的学习状态。新媒体教育利用技术手段形成了一种生活化的学习环境,这也和传统终身学习中注重对个人和社会生活全体教育总和的观点一致。

(三)学习策略更加多样

1.信息搜索策略

学生必须按照自身的认知目标和学习任务,对信息资料进行合理甄选,正确地锁定有用信息,不然将会迷失方向,被淹没于大量的信息资料之中,而不能自拔。信息搜寻方法的关键因素主要有如下几个层面:一是清晰明确的学习目标,不要由于信息的泛滥和短缺,而任意拓展甚至压缩了自身的搜寻领域。二是信息搜索技巧和知识挖掘技能,合理地搜索和甄选知识领域所需

①钟海燕.网络环境下大学生自主学习能力的培养[J].思想政治教育研究,2013,29(06):131—133.

要的资料。包括正确获取搜索信息中的关键字、主题词等;并在信息搜索活动中,交叉使用高级检索、结果过滤等技术。三是信息搜索途径,搜索引擎的范围,包括学科领域内的权威站点、可使用的电子资源和数据库等,并重视各种检索手段的结合使用。四是资源评价能力,对在媒体平台中掌握的资源做出合理的资源评估,从而获取真正需要的实用资讯。

2.学习导航策略

学习导航是"一种帮助学习者顺利通达学习材料各节点的技术,其目的是通过导航提高信息通达的便捷性,并对学习者的学习过程进行有效的引导,防止迷航和认知超载现象"。[①]一般来说,学习导航包括:外部导航和自我导航。自我导航,是指学习者自身良好学习习惯的培养。首先,在运用互联网开展教学活动以前,要确定自己的学习任务,锁定适合自身学习目标的资讯收集范围,最好制订详尽的学习规划。然后,在过程中,要培养自我监测和自主管理的良好习惯,包括学习时间、学习进度、学习效率、过程调节、抗干扰能力等等。外部导航是指使用者要积极改善外界的自主学习环境。比如,使用地图化网页让学习材料的内部结构更加明朗化;在过程中如果出现了困难主动寻找协助:经过设定自主学习路线和学会使用内隐链接向导,可以避免自主学习脱离主线,从而大大提高了其定位意识。

3.虚拟实践策略

利用新媒体开展虚拟实践,"新媒体时代能够提供文本、图形、动画、视频图像、声音等多种媒体集成的大容量信息,可以创设生动、直观、形象的、更接近实际情景的虚拟化实验学习环境空间,如:社会、文化、自然情境,问题情境,虚拟实验环境等,让学生在学习情境中进行观察、思考、操作,给学习者创设了一种全新的学习环境和认知方式"。[②]因此,虚拟实践策略的实施,有赖于现代信息技术、多媒体技术的发展以及设计者的有效优化和指导。而学习者在运用此策略时,要尽可能地将自己的学习所得运用到虚拟实践中,在理论与实践的互相结合与碰撞中,收获新知识和新体验。

①谢扬.基于网络资源自主学习的探究[D].武汉:华中师范大学,2006.

②赵同领,田勇泉.国外自主学习的若干模型:述评和启示[J].现代大学教育,2013(06):54—60+113.

二、干扰因素普遍存在

(一)媒体环境相对复杂

新媒体环境下,因为缺少有效的网络监测与过滤机制,信息发布过程存在着极大的随意性与自由度,导致了信息资料的品质参差不齐,既包括大批优质、有价值的有效资料,能够为学生群体广泛使用;又包括大批的垃圾、虚假、无用信息,对学生群体收集、识别、甄选学习资料造成了阻碍。大学生由于在心灵和精神层面上乐于向往自由、反对权威、强调个人的因素,所以非常容易形成偏激思维,落入网络陷阱。而学生对于诱惑没有对抗能力、自我意识不全、自律精神和自我控制不足等因素,也非常容易形成对上网依赖和上瘾。就这样,内外因素的不良组合,在一定程度上打压了学生自主学习技能的提高,影响了自主学习效果。

(二)资源平台缺乏架构

新媒体环境下的各种信息资料,形成过程和来源途径多样,但一般都是散乱零碎的信息资料,且权威性而有意义的消息内容资源平台相对较少,由此使得人类在接收和获取信息时,往往由于信息量庞大、无法识别并提取有用或者是有价值信息,从而产生了信息内容紧张和信息内容困惑的现象,也被称为信息内容超载。沃尔曼(Richard Wurman)在《信息焦虑》一书中给出了信息超载的定义,他认为,信息超载是源于个体原有的信息储备与自己期望应该理解的内容产生的不对称、不协调。信息获取者对于自己从海量信息中获取或者说抽取所需信息感到无力,难以操作。信息获取者变为机械的信息收集者,缺乏有效处理能力,更谈不上对信息进行有效的分析、决策,进而产生的压力感、失落感则使信息获取者继续陷入焦虑与迷茫中而无法逃脱,形成循环。①

(三)虚拟交互引发现实冲突

新网络所构成的虚拟环境,和我们的真实生活中是有较大不同的。一方面虚拟世界使个人的自我表现能力、个人活动领域获得了巨大拓展,让个人的“本我”意识得到了前所未有的释放,从而能够突破思维常规,全面展现自

①韩敏霞.信息技术条件下有效激发和维持大学生学习动机的策略研究[D].延吉:延边大学,2009.

己；而另一方面，由于人与虚拟世界中的沟通交流，手段丰富多样，网络语言千变万化，使得学生个人之间在思想描述和表现能力方面的差距更加明显，在理解和分析技巧方面也更加无法协调，从而可能产生虚幻互动比与真实互动更加不顺畅的现象。特别是在现实互动中，个人可以更为随意地表述思想，但在说话或表现情感方面却较为偏激，从而常常对心灵上脆弱的情感交流者造成巨大精神压力；又比如在学生遇到困难时，通过网上求助却未能获得有效回复，又或者在沟通交流时产生了分歧，进而出现影响学生自信度的“危机感”“无助感”和“无力感”，从而出现了严重的心态失衡、错位心理等行为失调。

第二节 新媒体环境下大学生线上自主学习能力出现的问题及原因分析

通过上一节的影响分析，我们能够看到新媒体环境既给大学生自主学习创造了有利条件，是他们进行自主学习的理想平台，也一定程度上给大学生自主学习带来了影响与限制，削弱了自主学习的作用。在复杂多变的新媒体环境中，当前大学生在新媒体条件下进行自主学习还面临一定困难，主要体现为四项功能的相对薄弱，分别为知识引导与个性化选择能力、资料收集与信息管理能力、流程控制与科学评估能力、学习创造与转化运用能力。产生功能薄弱现象的根源，可以从内、外两个角度进行研究。内部因素占主导，外部因素也十分重要。其成因也表现在四个方面，内在学习主体意识弱，外部学习引导机制不健全；内部学习规划能力差，外部监督促进机制缺乏；内在自我效能感低，外部评价体系单一；内在媒介素养缺乏，外部创新鼓励机制缺乏。

一、自主学习能力存在的问题

新媒体平台的环境比较复杂，不仅信息多且庞杂，还有很多负面情绪。大学生必须加强自主学习能力，才能保证自己不受影响，进行有效学习。通过新媒体环境对自主学习能力的影响分析，并根据学习者的有关调查研究成果,可以得出学习者应在个性化、资源获取、信息处理、过程调控、科学评价、知识创新等方面有更高的能力要求。而这种能力要求互相关系,既要服从于学生的整体过程,也要充分考虑到学生和新媒体环境的相互影响(如图3-1所示)。所谓的个体化自主学习,即过程、内容、方式等在更大程度上的自主学习,由于不同的学生群体都存在个体上的不同,包括思考方法、学习经历积累程度等,因此如何针对自己特征,建立自己的个体化自主学习模型尤为重要。新媒体环境下,对知识的获得过程缺乏统一照搬的模型,资源获得渠道的多样性,导致对学习策略的选择性不同,以及信息处理能力的强弱,直接影响学习效果以及最后的教学效果。唯有通过科学合理的评估系统,在学习活动产生的整个过程中进行有效控制,方可在新媒体环境中更高效地进行自主学习。只有通过主动地开展认识创造活动,并学会将其转化运用于改变客观世界的行为活动中,才真正实现了通过自主学习得到更高层次的目标。

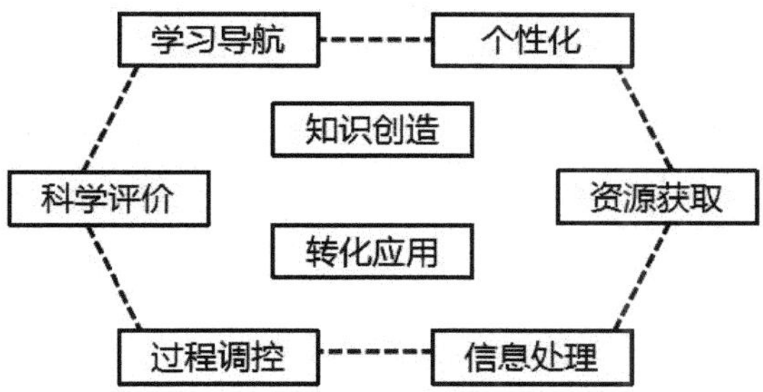

图3-1 新媒体环境下大学生自主学习能力要素

(一)学习导航与个性化学习能力不强

在新媒体条件下的大学生进行自主性学习,第一步骤是先明确目标,继而按照学习目标,安排学习计划,并灵活有效利用学习方法,进行合理的针对性自主学习。2021年,教育信息化进一步深化落实,众多机构及资本进入在线教育领域,推动更多用户获得公平、个性化的教学与服务。数据显示,截至2021年12月,我国在线教育用户规模达3.25亿,较2020减少1678万。随着双减政策的实施,在线教育用户规模进一步回落,但较2019年仍增长了9247万人,行业发展态势良好。在线教育技术继续升级,在线教育产品不断丰富与完善,对教育和职业培训的应用需求最大。从中可以发现,在线教育的最大优点就在于解决了对学生学习引导和个性化学习的需要,并因此深受广大使用者欢迎。这也从侧面体现出,学生本身的知识引导和个性化学习能力并不强,对在线教育产品易形成过度的依赖性。因此,大学生需要及时明确自身的学习需求,养成好的学习习惯,并对学习项目所包含的大概范围进行了解,并合理计划在学习活动各个时期的不同目标节点上。在学习活动进行的过程中,及时地把掌握学习方向,围绕学习目标,面对出现的问题与障碍,适时转变学习策略,或者寻求帮助支持,从而使得整个学习活动都围绕着学习项目进行;需要针对自身的需要与程度,选择适合的课程、教育资源等。

(二)资源获取与信息处理能力较弱

除了搜索引擎外,新媒体环境下资源的获得渠道还有许多,比如专门网页和数据库、网络信息咨询平台、社区等。有效的资料收集和信息处理能力,是在新媒体环境下开展自主学习的关键,掌握这种能力就意味着学生要具有准确查找、分析、加工利用和评价信息的能力。在杂乱无章的海量数据中识别、提取有意义数据,将所掌握资料加以重新的有效甄别、分类、比较、再归类、总结,再加工、再创新,为达成学习目标而服务。在这一过程中,伴随着学生对个人本身的知识结构的进一步重组更新,学习进程的纵深与广度都得到了拓展。

(三)过程调控与科学评价能力缺乏

iiMedia Research(艾媒咨询)数据显示,2021我国大学生群体中有45.8%的人日均使用手机时长为3~6小时,有26.4%的人日均使用手机时长为6~8小时;而日均使用手机时长在3小时以下的人数占比为20.5%,日均使用手机时长在8小时以上的人数则占比相对较少,为7.3%。整体来看,2021我国大学生群体当中,日均使用手机时长大部分在3~6小时之间。值得注意的是,合理地使用手机是有益无弊的,但是如果过度使用、沉迷于手机,则会对我们的生活、学习以及健康带来危害。所以,有效自主学习活动的实施离不开科学有序的环境控制,包括学生本身的自制力和对外界的控制力等。其次,科学评价能力也很关键,与进度控制应该是有序交互的,通过评估有效调控学习进程,促进自主学习任务的顺畅进行。在信息媒介条件下,自主学习项目的发展应是实时主动、灵活变化的。在既定教学目标情况下,由于课程内涵的深化、知识学习的建立以及学生本身的差异、资源环境的改变，要求学生或个体随时可以调节自己的教学方法、学习计划以及掌握策略的选择和实施，其调节的依据通常来自过程中的科学评估。也因此，科学地评价学习效果必须贯彻于学习活动的整个过程。

（四）知识创新与转化应用能力有待提升

知识创新与转化应用作为新媒体环境下大学生自主学习的更高级目标，是指在全面掌握和了解学科理论知识的基础上，通过创新能力进行自主性学习活动，从而把所学结果运用于实际中，以彰显科学知识的实用价值，并在实践中进一步检验和改善理论学习，实现螺旋上升的理想效果。知识创新和转化应用能力不可以一蹴而就，但是要通过循序渐进的积累，由量变到质变的步骤。知识创造和转移运用能力是当今社会人才的关键指标，而这一能力的培养又依靠于大学生自主学习与实践活动的高效进行。

二、问题出现的原因

（一）内在学习主体意识弱，外部学习引导机制不健全

新媒体条件下大学生自主学习所面临的主要困难是自主学习能力普遍不高，学生的主观意识较淡薄，以及学生内心驱动缺失等。从国内外学生进行的问卷调查分析中可以普遍看到，大学生通过新媒体进行自主学习的仅是极少数，很多人通过新媒体进行人际沟通和娱乐等活动。但除去老师的上课讲授内容和安排的工作之外，大部分学生都没有具体的学习任务，也没有完整的计划通过新媒体信息和条件进行学习策略的制定，学生的自主性水平和独立学习的积极性也普遍较低，以及主动性掌握内容、主动性沟通合作的能力较差。该问题的存在说明了过去的教育课堂思想和方法上的限制依然存在，学校对于学生在教育网络条件下怎样进行自主学习还没有系统性的教育指导，自主学习的教育指导方法与机制也尚未完善。另外，学生自主性学习能力的培养与兴趣、动机、信心、态度、情感等内部非智力要素和差异之间都有关联，而教育课程的实施也必须完全从他们的需求出发，充分调动他们的自我动机，“为自身发展而学”，从“被动学”转变为“主动学”。

(二)内在学习规划能力差,外部监督促进机制缺乏

在学习过程中,善于学习的学生能够按照教学的任务与需求,从教学策略运用与质量控制的层面,根据教学的各个步骤,灵活配置各种资源、进行调节,以提升自己的学习效能,从而实现学习任务的达成目标。在新媒体条件下,常常存在着学习任务不清晰,教学策略运用能力较差,掌握信息意识薄弱,从而迷失于新媒体条件所提供的外在知识氛围中,而不能自拔。这也就是新媒体条件给我们创造了大量的知识资源,不过这种信息多为杂乱无章的,且没有系统地划分,必须进行评估、识别,方可为其使用。一方面,由于在校大学生个人面临着丰富的学习信息,以及迅速掌握信息资讯的能力较差,从而出现了"信息资源虽多,但是根本无法被正确使用"的现象,造成了信息资源利用率低,自主学习效果不明显。另外,在新媒体环境下,大学生进行自主学习缺少行之有效的监督促进机制,一些信息资源不具有参考价值,却被学生所使用,致使学习方向出现偏差,加之过程中监督与管理工作机制不完善,使大学生自主学习实践活动多处在"无序""随意" "盲目""迷茫"的境地。

(三)内在自我效能感较低,外部评价体系单一

通过许多学者的调查分析表明,在媒介条件下的大学生自我效能感较弱,人们普遍认为在学业理想的达成以及学业活动的开展过程中,往往出现偏离学习目标,或者学习流程无法实施,课程的实效性无法保证等现实问题。新媒体在信息时代的主要特征,是人们既是资讯的传播者又是信息发布者,这在一定程度上也就出现了"人云亦云""道听途说"的状况。我们在碰到提问时,首先想起的便是网络搜索引擎,向网络找回答。互联网资源繁杂多元,缺少权威力。我们见到大多数网民认同的共同论点,便不再做深入思考和研究,把他人的论点奉为最高权威,把大众化的论点视作真理;抑或是在观念和认知上"剑走偏锋",把毫无根据的理论知识当作实际,以为如果能够"自圆其说",就都是合理的,对实际提问的了解仍然停滞在表层上,没有深入,也缺少了深度和广度。从而背离了教学目标,未能得到合理的教学。另外,自主学习的评估方法简单,却没有过程性评估机制,这也是造成自主学习效能较差、学习效果不显著的重要原因。

(四)内在媒介素养水平低,外部创新鼓励机制缺乏

当前大学生在新媒体环境中开展自主学习,弱化了生产知识的主体性和创造性。一方面,大学生自身的媒介素养缺失,在接收和利用新媒体信息资源时,不仅仅缺乏辨别意识,而被错误信息所误导;而且受新媒体环境显现出的"程序化""逻辑化""理性化"的思维模式影响,精于信息的获取、加工、处理、运算,但却拙于创造、迁移、综合运用,缺乏创造性思维的深层次开拓,只会照搬、照抄或者借用、加工别人的观点,从而直接导致大学生知识丰富而不深刻,或缺乏逻辑联系,或缺乏根基,进而弱化了自身自主学习的思考、分析和解决问题的能力,不仅不利于大学生形成独立思考的学术性格,而且引发学术道德问题。①另一方面,由于外部环境所给予的创业激励也不够有效,尽管目前对大学生创新创业给予了较大的扶持力度,但还未能建立完善的机制。例如以成果为导向的激励,衡量标准过高,导致大部分的学生闻之色变;又例如没有实际体会,制造了空想创新,但实践中根本就无法应用理论与实践,更别说转化应用。

第三节 新媒体环境下大学生自主学习的引导策略探讨

面对信息化浪潮,我们需要利用新媒体技术手段进行宣传实效的改善,同时积极探索符合当前国情的教育宣传发展途径,以加快教育信息化的建设步伐。在新媒体时代,教育传播正以一个空前活泼的姿态"绽放",而这种转变将给新媒体时代的教育传播留下深深的烙印。同时,怎样培养大学生的新媒体素养,以及怎样培养大学生的自主学习能力,以实现培养大学生主动学习能力的目标,也是亟待探讨的重大课题。

一、更新学生和教育者的自主学习理念

当前蓬勃发展的新媒体技术已经给教学环境、教育系统造成了难以忽略

---

①李炳昌,李承昌.新媒体环境思想政治教育中大学生话语权之特征[J].中国电力教育,2014(20):72—73.

的冲击。新媒体的发展尽管扩大了获得传播信息的途径，但却同样也产生了无法避免的问题。新兴互联网的传播平台和传统教学平台截然不同。所以，如何在互联网平台中实现有效学习，首先需要学生和教育工作者改变自主学习观念。

“50年之内，美国4500所高校中将有半数消失。将来每个人都有机会进入大学，学位文凭越来越跟不上时代要求……”这是出自社会科学报的一段文字。随着科技的进步和网络的普及，大型开放式网络课程（MOOC）进入人们视野，越来越多的人因此有机会获得更好的教育。而随着网课的有效普及，有关新兴教学方法和传统教学方式区别的讨论也越来越活跃。但无论人们对新的教学方法持有怎样的心态，都一定要树立好自身的主动学习理念，因为这是进行高效主动学习的重要基础。

（一）学生应培养终身自主学习的理念

学生也应该养成终身自主学习的教育理念，也就是说在教学过程中不但要以“主人翁”的意识要求自身，而且还要永远以积极主动的心态对待学业，从而激发起学生内心深处对求知的强烈向往与渴求。培育学生的主动学习观念并没有贬低老师的教学意义，而只是需要大学生好好地结合教师的指导进行有效的自主学习。

培养自主学习能力，是进行有效自主学习的重要前提。大学生都知道，当今社会的竞争已经十分激烈，如想立一席之地，先要培育自主学习意识，并在过程中持续地自我鞭策、自我激励，对自身能力保持坚强的自信，才能有效解决学习中出现的困难。然后，大学生们在自主学习过程中要对学业计划层层细化分析，并制订详尽的学业规划，并用书面文字依次表达，从而指导自己良好地根据预订规划进行自主学习。

（二）教师应更新自主学习的教学理念

在教学中，与其教师给学生传授专业知识，不如传授他们掌握专业知识的好办法，使之终身受用。教师对自主学习的培养思想是提升大学生自主学习效率的最有效途径，所以，老师们唯有改变以书本为基础、以教材为核心的教育传统，方可切实做到坚持以学生的全面发展的培养宗旨。

在信息时代，教师不仅是知识的权威，而且担当着学生引导者的重要角色。高校教师也应适应这种身份位置,以有效引导大学生的主动学习。现代信息社会,要求高校教师将学生培育成独立、自由、有效的学生。所以,在现代教育教学中,高校教师应该改变传统的教学观点,在课堂教学中切实以学生为主体,并重视对其独立思考与主动学习能力的训练,让他们在互动探究中切实成为学习的主人,进而帮助学生培养起自主学习的信念。

(三)学校应树立终身学习的教育理念

知识的终极目的是实际应用,但大多新生在脱离课堂进入现实的社会环境中,头脑中的知识结构并没有很灵活地应用于社会实际操作中,在知识主体逐渐离开社会实际需要的时候,自主学习也常常表现得束手无策,在社会现实中个人的自主学习能力多不被肯定。当大学生们步入社会并不断面对着新的挑战时,自主学习能力对于个人来说也就变得十分关键,因为个人必须拥有较强的自主学习能力才能吸取社会前沿的理论和知识,也必须持续开展自主学习来适应社会对个人的高标准化需求。所以,如果想要不被社会现实所淘汰,就必须通过持续开展自主学习给个人注入新的“血液”。高校教学管理者作为大学生在学习过程的主要引导者,应当确立终身学习的教育理念,以进一步增强他们的独立学习能力,并培养他们自主学习的能力。

二、激发大学生自主学习动力

大学生的自主学习动力主要来自教学兴趣,兴趣能够带动学生去探究,去行动。在以往教学活动中,由于老师的主导地位已经体现得十分突出,以至于学生的主动学习动力逐渐被压抑,而无法充分调动学生内在的学习积极性。在全媒体自主学习进程中,老师与学生的角色发生交替,学生主体意识提高需要教师的合理指导。这就需要教师应以学生为基础,改变传统的应试管理模式,进一步充分调动学生内心的自主学习积极性。

(一)明确学习目标端正学习动机

正确的学习动机和已确定的学习目标,不但可以帮助学生营造一个积极的学习心理状态,还能够增强学生自己学习的有效性。而提高了学生自己的目标动机,不仅可以促进学生的学习动机有较好的稳定性,也可以鼓励学生对自身的学习过程加以积极的管理。在学习过程中大学生应该注重于开辟自主学习渠道,了解并掌握各种方法,对目标信息进行合理的筛选,并主动地和教师、同伴等进行互动与交流,从而充分运用新媒体资源以便更有效地服务于自主学习。由于当下社会信息大爆炸,从信息海洋里掌握新知识是当代大学生最急切的知识需求。所以,明确学习目标,端正学习动机才是进行有效自主学习活动的基础。

(二)激发学习兴趣完善激励机制

教师在教学过程中处于主导地位,需要不断激发学生的学习兴趣,以培育学生进行主动探索、进行主动创造的目标;其次,老师要做好目标教学,帮助大学生确定学习目标以致更好地充分调动大学生的内部学习动机。而目标教学则是指老师帮助大学生自身认识为什么要学的问题,并把其与目前的学业情况和未来的工作环境、社会发展的需求等紧密联系在一起,让大学生自身意识到自己学业的重要性。为实现每个学生预期的自主学习效果,老师在教学选取内容和方式时要充分考虑到大学生自身的个性差异,尽全力做到均衡学生的不同性格,以致大家都能获得全面发挥。所以,教师们应及时充分调动大学生自身内心的主动积极性,并继续采取激励对其加以引导,让其更加理解主动学习的重要性,学生才能够真正变成积极的自主学习者。

三、加强教师新媒体专业化培训

新媒体时代的大学生,不单单是信息的单向接收者,更是信息传递的反馈者与传播者。从其所反映问题中可以看到,因为某些因素,传播失范的现象经常出现,以致大学生的新媒体素养变得十分关键。由于师资不仅是学校教学的第一资源,而且是大学生学习的重要支持资源,所以,做好对师资的媒介教育专业化培养是对新生进行有效自主学习的重要保障。

(一)做好专业化培训,让教师有网络话语权

加大网络学习资源建设力度,教育部门对教育网站建设设置了准入门槛。利用行政技术手段监管、规范净化网上教学资源内容,教育各类网络特别是校园网内教学资源的开发。网络管理部门必须严格把关,禁止不健全、没有价值的网络资源发布,保证网上教学资源的正确性、有效性和科学性。另外,教师不但要对官方的网络加以广泛传播,还要积极发动学生将已有的

有效学习资料推荐给大家共享。老师作为专业知识的传播者，有着丰富的学习、教育经历、对于知识点传播、内容、外延都有很好的掌握，正确的指导对大学生自主学习是十分必要的。

(二)做好新媒体培训，让教师有学习指导权

由于教师新媒体自主学习十分强调学生的个性化，因此每位学生都可能存在着不同的教学内容与学习要求。因此高校应该加大对教师新媒体的培训，多给教师创造外出交流学习和进修学习的机会，切实培养他们自身的教学能力，使得他们更好地发挥教学指导作用。高校教师要确保每位学生能长期且有效地进行自主学习，就一定要做好对高校教师在网络话语权的专业化培养。所以，高等学校就应该注重于培养高校教师的新媒体素质，定期进行训练和学习，有助于高校教师全面了解新媒体特点，熟悉新媒体技能，在新媒体环境中实现高校教师专业技能的全面发挥与自我完善，才能提升大学生的新媒体自主学习效率。

四、强化大学生新媒体应用指导

在自主学习过程中，老师的角色主要定位在“导学”上。大学生心智发展还不完全成熟，对于五花八门的网络资源往往产生困惑，但良好的心理引导能够帮助大学生迅速确定学习目标，从而减少了查找学习资料的时间。但大学生通过新媒体所进行的自主学习并非在短期就可以取得很明显的教学效果，而是要不断进入状态，并逐步完善学习方式与策略以致实现学业目标的一种长期历程。所以，无论从理论或是从实际方面剖析，大学生的自主学习都脱离不了新媒体应用指导。

(一)开设新媒体知识学习辅导课程

自主学习过程中除了会出现缺乏有效学习资料之外，更会产生学不进去的现象，而这时若没有适当的指导，将会让新学生产生灰心、沮丧甚至干脆自行抛弃的心态，以至于陷于不能自拔的地步。而开展新媒体学习引导课，有助于缩短高校学生的适应期，从而促使学生们对新媒体环境更加了解。从我国传统的应试教育模式下发展出来的新学生，大都未能形成良好的学习习惯，学而无法，学不知法。高等教育机构有义务协助我们大学生减少自主摸索的时间,鼓励我们大学生更加热情自主地开展自主学习。所以,针对大学生特别是刚进入大学校园的新生,开展一堂关于指导大学生自主学习的课程是十分必要的。学习辅导课能够帮助学生掌握各种学习技巧,发挥大学老师的引领功能,从而营造良好的自主学习氛围。

(二)建立大学生自主学习指导网站

一个好的网络学习平台就好比一所好的大学。由于学习主体的差别很大,每位大学生自身都是独立的学习主体,学生的基础知识和起点也都各不相同,所以知识层面差别就更明显了。而自主学习则比师生授受式的学习更为困难,因为自主学习路途艰难曲折、期限也较长,必须付出更多的汗水和努力,才能坚持下去,迈向成熟。所以,运用互联网对学生实施人性化的、针对性的引导也十分有必要。另外,还能够设置校院级的自主学习指导中心,能够协助学校学生解决一些学习中普遍存在的问题,并且学校也能够按照要求安排固定的时间,聘请一些教书育人的典范、德高望重的教授、知名的学者来协助解决同学们在读书中出现的问题,包括思考方式问题、读书方式问题、专业知识和个人前途发展等问题。用这些方法去指导大学生的自主学习活动,不但能够提高大学生的自主掌握能力,同时也能够协助大学生们合理地使用有效的学习资源,从而提高自主学习效果。

五、创设大学生自主学习良好环境

高校为大学生提供了自主学习的环境,包括在场地、设备、资源等方面。引导学生向教师寻求帮助,这不但可以调动大学生自主学习的积极性,同时有利于他们掌握更多在课堂上学不了的知识。另外,高等学校也要研究并运用新兴媒体及网络资源,积极搭建大学生自主学习的战略平台,并鼓励其有效地开展自主学习。

(一)开发大学生自主学习网上资源

当下社会,大学生不仅是接触信息的人,而且必须学会怎样甄别、收集、管理与传递有用信息。所以,人们要充分开放网络学习资源,才能更高效地进行自主学习,而大学生唯有形成良好的信息素养,才会更好地辨别有效学习资料。信息素养是当代中国大学生主动学习能力训练的重要内容,是信息教育传播过程中需要的能力之一。所以,如要迅速高效地掌握网络自主学习资源,就一定要训练大学生自身的信息素养。

1.培养学生的信息获取能力

学生要针对自己需求进行合理的收集、筛选所学信息和有关资料,并学会利用所得的信息资料开展自主学习。教师应注意培养学生的思考探究习惯和信息收集能力,同时使学生形成运用知识、传递信息的优秀学习品格。

2.培养学生的信息识别能力

信息是经济社会的驱动力,在经济增长过程中起到重大作用。信息传播活动实质上是一个信息交流过程,获取信息的意义是人类对信息在传播中的作用、意义、特点与影响的早期了解和发现。信息辨别能力的高低将直接影响我们如何使用信息,而信息辨别能力越强,越善于从中查找到最有用的信息来源。为了培养良好的信息辨别能力,就应当鼓励和培养他们在信息过程中的独特性、自主掌握性和创造力,从而善于对信息的来源作出判断。

3.培养学生的信息处理能力

学生获得并能正确地概述所需要的信息,最后通过总结成为自己的专业知识。面对良莠不齐的信息内容世界,这就要求学生具有正确的人生观、价值观、较强的信息识别能力及自我调节的能力,并自觉遵守有关规章制度,以抵御不良信息传递的侵害。此外,培养学生的信息技术创新能力和信息内容传输规则意识也是学生的新媒体素养之一。

(二)强化网络学习资源管理与监督

新媒体自主学习也越来越被中国大学生所了解与认可,但新媒体自主学习资源的开发速度也与此并不相符。目前,我国的整个网上学习资源建设以及大学院校内部的网络学习资源建设均面临着各层面的缺陷。比如,大多数大学生面对泛滥的信息海洋,并面临着不能高效掌握学习资料的现状,这也表明了网上学习资料监管力度不足,执行力度较弱。

网络学习资源质量的提升必须经过一个过程,网络资源的设计就必须在课程目标的基础上,根据学生的实际特点,根据课程目标,运用各类具体的技术功能,发挥新媒体学习资源的明显优势。这种设计全新网络资源的过程要求各种理论专家和技术人员的通力合作,不但要求人力物力的支持,还要求特定的建造时间。另外网络资源提供者还能够通过和高校协作，共同开发一些高校专用的优质教材等学习资料，从而有效地解决学生的个性化需要。通过帮助学生解决更加现实的技术问题，设备种类等方面进行统一的行业标准，提升了学生资源重复效率，进而使学生更为便捷有效地寻找自身需求的新媒体自主学习资料。因此，在新媒体环境下，加强对网络学习资料的管理和监督是对提升学生自主学习资源的质量的有力保障。

（三）营造大学生自主学习的大环境

俗话说“没有规矩不能成方圆”，建立适应自主学习的日常管理制度是良好的自主学习环境中至关重要的条件之一。此外，高校还将积极推动校企合作，为大学生创造更多的顶岗实践机会。利用顶岗实习加深大学生对真实社会环境的认识，并感受工作中的困难和挫折，从而提高大学生应对挫折的承受力，提高其学习能动性，并努力克服学生在自主学习过程中主动性和持久性缺失的问题；同时也会促进大学生职业生涯规划，使其学业目标更为准确，自主学习过程更为高效。在新型的媒体环境下，设置自主学习指导课、设置相应的咨询机构等，为大学生自主学习过程进行更有效的指导也是十分有必要的。大学生一般对于重要信息资源缺少客观了解，但经过科学的教学辅导后，就能够给大学生的自主学习提供准确的信息方向；同时也能够举办形式丰富多样的演讲活动，使职场环境中的成功人士将职场环境中的重要信息资源及时地传达给大学生，从而协助大学生制订自主学习规划和确定自主学习内容。在大学课程中导入与考核结合制度，进一步优化了当下简单的评判标准，从而有效地鼓励了大学生自主学习。另外，在自主学习过程中，为更好地提高大学生自主学习能力，应培养良好的自主学习榜样，并通过开展优秀自主学习典范的评选活动，鼓励大学生通过自主学习不断地向着人生目标前进。

六、完善大学生自主学习评价体系

自主学习效果评价是自主学习流程中至关重要的一项因素，其目的是更好地实现自主学习目标。完善的教育测评系统不单纯是指老师对学生学习成果的测评，还包含了学生对自身学习成果的测评。所以，为了更好地鼓励大学生自主学习，还需要建立健全的教育评价指标体系。

(一)制订自主学习评价目标

建立评价体系前提是明确评价活动的目标,使评价活动有明确的指向。这样,当评价指标体系一旦形成,需要直接加以观测的指标与内容当然也就相应明确。在这种意义上来讲,评价目标是评价活动的物质基础和根据,它对评判的进行有着重要引导意义。若不建立具体的评价目标,对评判对象进行综合评判会产生巨大误差,易于形成主观倾向性而忽视客观标准。但一旦建立了指标,就明确了具体评价目标,并据此进行了综合评判的客观判断,自然也就能够减少了主观倾向,力求增强综合评判的客观性与准确性。

(二)细化自主学习评价内容

学生应当以评价目的为导向,以课程目标为基础,逐步细化自主学习评价具体内容,使之能够充分体现出建立评估制度的意义所在。评估员对评价内容、评价规则展开深入的研究,对评估指标作出全面定义,切不可笼统界定评价内容和评价规则。

要提高大学生自主学习评价的科学性、客观性,首先要健全自主学习评价标准,以减少评价的主观性。在统一标准的评估制度下,评估人士才会对评估对象做出比较客观的评估。而自主学习评估内容是自主学习评判准则的集中体现,并通过评估反馈告知学习主体在今后自主学习活动中应重视什么内容、补充什么内容,表明了自主学习评价的内容在整个学习评价体系中的地位不容忽视。

(三)构建自主学习评价体系

大学生自主学习评价体系可分为量化评价和非量化评价。量化评价,为了使学习者更加了解学习要求,教师可以设计一套客观评价体系,以便学习者自我评价。指标体系应该易于运用,而不宜过于复杂。这种评价指标体系通常称为量化评价。学生通过利用定量的评估,就能够确定自身的目标,在过程中向着目标去努力。这个评估系统的描述要详尽,在各个不同阶段的差异也要突出,学生能够根据描述快速而正确地评价自身的学习效果。只有通过准确的教学成果反馈,学生才能够及时调整自身的学习方向,从而健全自身的知识认知结构。还有一个方面,便是现在教育界所提倡的非量化评价。非量化评价重点是考虑学生在新媒体环境中的投入程度,以及学生情感,学业心态等的表现准则。这种表现方式不仅仅是对大学生学习成果的全方位反映,而且是评判大学生自身的个人发展的重要依据。而且,评价指标体系也不是恒定不变的,而是可以根据学生学习发展中的实际状况进行适当的调节与变动,以适应大学生自主学习的进一步健康发展要求。综上所述,唯有健全自主学习评价制度,才能有效合理指导大学生进行主动学习,进而实现培养大学生自主学习能力的总体目标。

第四章 新媒体时代大学生线上自主学习资源组织方式

第一节 大学生线上自主学习资源组织方式研究

一、分科课程的特点

学科课程是由一系列不同类别的学科或学术领域以及与之相应的各种间接经验组成的课程。从课程内容固有的特点出发，一般把学科区分为专业课程和经验课程。根据教学内容的编排方式，可把课程划分为分科课程和综合课程。分科课程通常以科学技术的基础知识为中心，同时强调知识基础与基本技能的学习，课程的结构则根据知识的逻辑次序展开。

大学教育坚持着培养同时具备实践和创新能力的高素质人才的理念，各个专业又有自身的培养目标。在此基础上，各个专业都设置了适合各自学科特点的分科课程和综合课程。

二、基于知识点的学习资源整合

（一）知识组织

根据教育部关于远程教学规范的规定，我们把知识分为六个层次。第一层为专业知识，第二层为课程知识，第三层为章，第四层为节，第五层为知识点，第六层为教学素材。

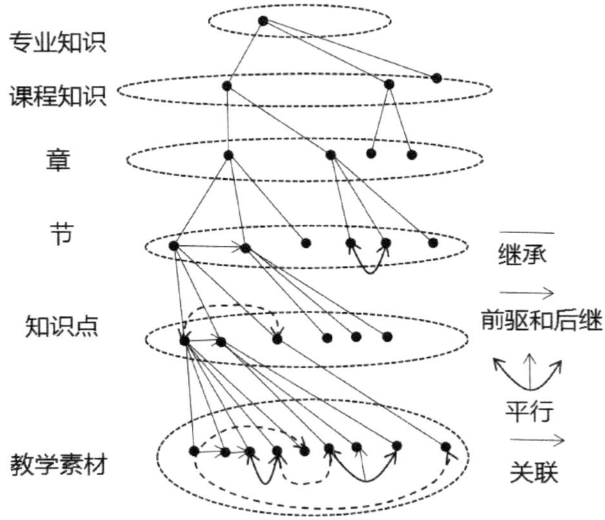

图4-1 知识组织示意图

如图4-1所示,层与层之间存在继承关系,同一层中的知识可以是前驱知识和后继知识,也可以是平行知识和关联知识。知识点是最小的知识单元,也是最可重用的学习对象。所有知识点都是教材的集合。知识点层由许多单独且关联的知识点构成。每个知识点定义一个概念性知识点类型,并通过关联参数记录到知识点网络数据库中。参数包括前体知识点、后继知识点和知识点相互之间的相关性最大。有高度相关性的知识点就组成了本节的核心内容。基本知识点中还包括一些教材,教材主要内容涵盖了文字、图片、动画、音频、录像等的各种形式。

(二)知识点建构模型

网络教育资源,主要是指围绕着教育教学目标所研究、获取、整理的各类教学资源数据,以及可作为教育教学目的的教学资源。为便于学习者掌握,我们将按照知识点对教学资源信息进行智能导航,从而确定了各个知识点的难易系数、类别、知识点间的相互关联、评估内容等参数。而在此基础上,我们将逐步得到一个层次化的知识点网络,从而通过学习者对知识点和各项参数的了解,为学生进一步学习提出指导建议。

知识点包括具体教学内容及其相关属性信息等,内容可以用文本、图像、动画、录像、音频等形式出现。知识点属性则包含了教学的资源序列号、知识点编码、知识点所在的阶段、知识点前驱后继以及有关知识点、知识点的复杂性、教学资源的内容形式、教育对象、课程时间、教学策略，以及其他信息等内容。

教学策略是为实现教育目的，实现教育目标，而在对教学清晰了解的基础上对教学实施调整与管理的一套实施方法，在课程中所采取的策略与手段。学生就能够根据教学策略，掌握基本知识点。而通过每个基本知识点的相应属性值，就能够把资源整合并建立起来，从而建立相应的基本知识点网络结构，如图4-2所示。这样，我们能够针对学习者的个人信息选取适合的教育资源实现个性化学习。

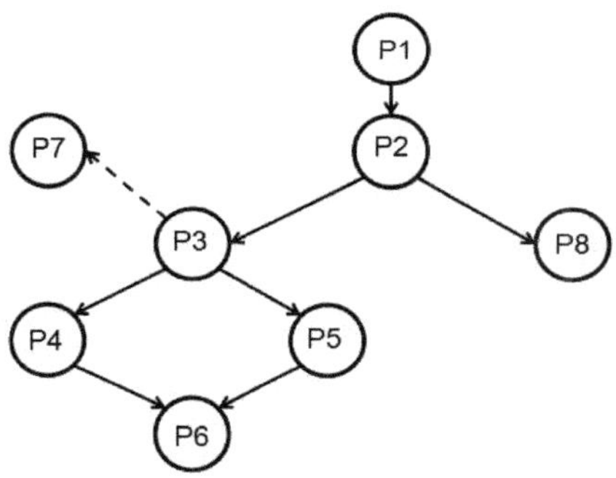

图4-2 知识点网络结构

图4-2中P1—P8是包含文本、图形、动画、视频、音频等教学信息的知识点。其中P1知识点是P2知识点的前驱知识点，P3知识点和P8知识点互为平行知识点，P7是P3的关联知识点。

（三）学生特征模型

学生特征模型包括该生的学习过程和其个性特点两方面，学生特征模型也能够给学习者群体选择个性化的教育资源提供依据，进而给出他们个性化选择的依据。在为学习者选定了一个主要知识点以后，对互联网资源整合系统中无前驱的主要知识点开展了相关测验，当测试成绩超过了某一阈值时即说明学习者已熟悉了此主要知识点，并将其加入知识历史数据库，而其余主要知识点的网络资源整合系统也将作为主要知识点供学习者加以掌握。在这里，将计算机屏幕上学过的主要知识点用红色标记，未学过的主要知识点则用蓝色标记，从而便于学习者完成下一步的学习。

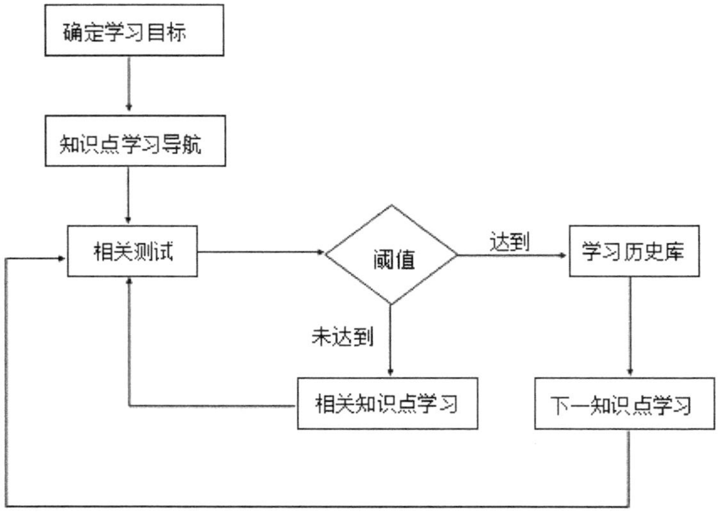

图4-3 学生特征模型

学生特征模型建立了学习历史库与知识点构建模型之间的对应关系。在学生特征模块中，系统能够读出该生当前学习境况，而通过读取的学生特点模块，系统就能够对该生当前的学习状况与特点，作出相应的评估。从而针对学生的学习时间、难度、对当前知识点的掌握程度及其后续知识点内容，匹配并建立相应合理的教学策略，从而按照该学生所需要的表现形式，对应的特点选择教学资源，这样就可以保障学生个性化课程的正常实施。

三、网络资源整合系统结构及相关模块分析

（一）网络资源整合系统结构分析

技术应用在网络教学资源的建设中是教育理念和方法实施的具体手段，同时还是辅助学习的重要载体。本研究所需的系统平台如下：对于客户端来说，只要安装有Windows 2003及以上版本或其他的操作系统，可以上网，安装了浏览器及必备的播放软件即可。对于服务器端，要求安装Windows 2003及相应的IIS软件。

参考目前已完善的网络教学体系，并根据学校自身研发的实际需求，对其相应的教学功能模块做了适当的调整完善，对其中的教育资源加以系统组织，资源的整合系统总体框架如图4-4：

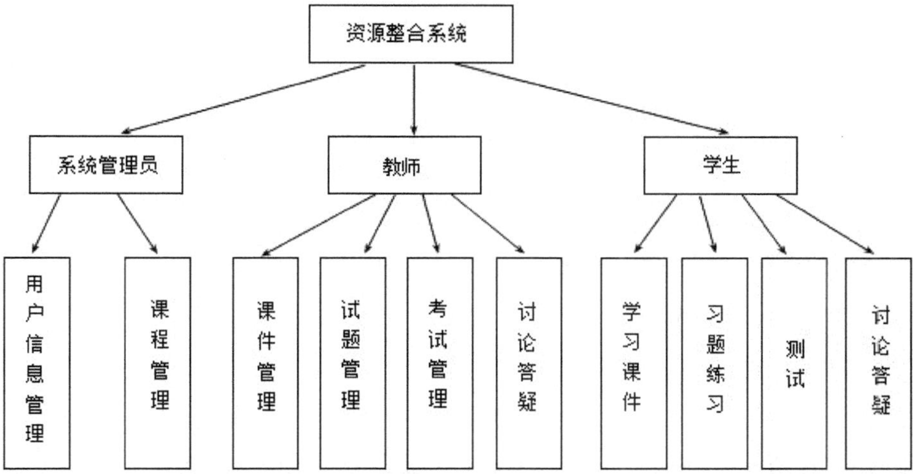

图4-4 资源整合系统总体结构

系统主要有用户信息管理、课程管理、课件管理、试题管理、学习课件、测试与讨论答疑等几个模块。

用户信息管理：平台的用户分为老师和学生，系统中分别对学生进行了用户分配，而使用管理模块则用来处理系统中所有的使用信息，包括权限分配、使用信息、增加新用户、修改资料等操作。

课件与习题库：根据知识点分类组织。

讨论答疑：师生之间提供真实的文字互动，以化解教学过程中的疑惑提问。

在课件管理与学习课件模块，除了学习课件以外增加了教学案例、作业提交、资源上传、文献资料几个栏目。

教学案例：可以激发老师的教学灵感，从而改变学生课堂观念，同时帮助他们更好地掌握教学。

作业提交：学生可把老师所布置的任务通过互联网直接递交给老师，教师可以不限制场所和时段进行批改，同时学生的掌握情况也能够让老师更好更有效地加以掌握。

文献资料：可以提供有关教育方面的基本政策、法规、条例、规章制度，优秀的专著、作品、研究等。

资源上传：老师可把资源上传给服务器，分享给学生，供学生练习利用。

在本系统结构中，部分模块如用户信息管理、讨论答疑、教学案例、资源上传等的技术已经比较成熟。引入教学资源模型，使学习者能够根据个人实际情况进行学习。利用网络进行网上教学，既延续了传统课程的优点，也避免了传统课程的缺点。

（二）系统功能模块分析

本研究以《网页设计》课为背景，构建相关模块。

1.学生用户界面设计

用户界面设计是在学习者和学习资源之间实现互动的最主要途径，所以交互用户界面的设计必须同时兼顾实用性与美观性。即在设计时注意页面的尺度、合理的布局以及色调的和谐。功能图标简洁易懂，信息分类有序，界面风格尽量统一。

另外，导航系统在指引学生线上学习的过程中，也是至关重要的。系统完善的导航系统能够有效避免学生因为知识信息丰富而迷失方向、偏离复习方向，进而提升学习质量。导航系统的设置要清晰、简单、一致，以适应使用者的认知心理。通常，针对一个网络的整个导航或者各个独立单元之间的引导，都需要采用一种多层次的导航方案。

2.教师后台页面设计

这一部分的内容主要是包括教程发布修改模块、知识点管理、学生管理、考试管理、作业管理、视频管理、答疑模块等内容。

3.讨论答疑模块设计

在线讨论克服了远程教学中老师之间、学生之间因为时空局限而无法进行沟通的困难，是以往教学探讨的拓展。利用网络进行的讨论既充分利用了网络资源，也充分发挥了传统教育的优势。

这部分内容采取BBS(Bulletin Board System)模式，学习者既能够给出疑惑，也能够就某个主要问题给出自身的看法，而老师既能够解答学习者的疑惑，也能够提供某个主题指导学习者展开探究，而且没有时间限制。通过BBS，能够在相互讨论中提高对某一话题的了解。

目前，许多教育门户网站都没充分发挥好BBS或聊天室的教育功能，也很少限定交流区域或设定交流专题。应该注重通过这两个板块的共同使用，来推动学术内容的普及或进行对某一专题的“实时讨论”。我们在建立中国大学生自由学习BBS时，可以采用设置主题的方式，围绕相关问题展开讨论。在这方面主要借鉴“现代教育技术”网站和“吉林大学BBS”。

4.信息存储模块的设计

以作业提交为例，系统可以将学生的作业内容存储到数据库，教师通过点击查看作业，从数据库中提取学生作业进行评阅。如果学习者提交的是纯文本，可以直接写在文本框内。如果是其他文件可以用附件的形式，以OLE（Object Linking and Embedding）对象等形式提交。

5.网上考试模块

学生完成某一章有关内容的学习后，即可在试题库中随意选择试题加以检测，客观试题同时提供相应回答、说明其所在的知识点。主观题根据关键词匹配得出一个大致的分数，并将相应提问和回答加入到数据库中，由教师得出最后的得分，避免误批。通过线上的测试，有助于进一步掌握学生复习的各方面状况，以便进一步提高质量。

（三）相关功能模块的实现

功能模块实现从数据库中读取所需的数据，生成个性化的用户学习界面。

1.学生模块初始页面的实现

主页中，学生的学号、姓名、登录次数、学习进度等信息不是直接呈现出来的，相关的信息需要先在服务器端读取数据库中的数据，进而呈现相应的信息。其中学号、上次学习过程等信息需要从数据库中读取，从而实现学习进程的动态更新。

2.各栏目的实现

（1）用户注册

用户在网站首页点击注册按钮，进入用户注册页面，填写信息进行注册。为避免服务器负担过重，除了注册信息格式检查之外，还要验证用户名是否已经存在于数据库中，如果存在，给出用户名已经存在的提示信息，并要求返回注册页面重新注册，反之则将输入的信息写入数据库中的student表中，显示注册成功。

(2)用户登录

用户在网站首页输入用户名和用户密码之后,用户登录模块将对其进行验证,与用户注册类似进行格式检查和是否存在的验证。

(3)资源下载等栏目的实现

资源下载栏目如:课件下载、作业查看、文献资料查找等,都是将数据库中的资源读取出来,并以一定的形式显示出来。

(4)“上传资源”“作业提交”等栏目的实现

上传资源模块和作业提交模块实现的方法类似,都是将数据写入数据库中。

(5)讨论答疑栏目的实现

讨论答疑相当于传统的课堂讨论,教师可以及时地回答学生的提问,学习者之间可以实时地进行相互讨论。

四、学习资源组织开发流程

明确教育必须是以学生为中心,在教学过程中,以学生为主体,一切的教学资源都应该围绕学生学习进行优化配置。网络教学资源应该围绕如何促进和组织学生的自主学习活动来展开。课程的教学以“实用、必须、够用”为原则,强化训练学生的实际操作技能和分析设计技能,以训练学生各方面技能为主要目的,应采用探究学习、合作学习、自主学习等的课堂活动方式,尽可能地调整学生的其他主体活动积极性,并发掘他们学习中的潜能。进行教学资源组织要遵循以下原则:①注重教学目标及教学内容分析;②强调利用多种资源支持“学”:③强调以学生为中心,注重学生的自主学习。

(一)学习资源组织开发的人员组成

网络学习资源的组织是一个系统化的工程,需要在教育学专家、学科教师和信息技术教师的共同参与下才能完成。

在学习资源组织开发过程中,应该有专门的教育学专家、教师对教学策略、学习策略以及教学设计过程进行理论指导。

各个学科教师通过学情分析,对教学内容和学习者的学习特征进行分析,对具体的分科的知识点按层次结构划分,并进行相应的教学设计。

信息技术教师以课程教材的知识点分析结果和学生特征分析结果为基础,构建相应的知识点结构模型和学生特点模型,并通过数据库构建知识点结构资源模型和学生特点资源模型,利用人才管理和资源信息整合系统,把课程设计理念在电脑上以多媒体技术的形态展示出来,并对教学软件提供技术支持。

(二)教学目标分析

教学目标是教学内容选择和确定的依据。教学任务都是由专业课老师在教育学专家的帮助下完成的。开展课堂教学研究首先要对教学任务作出划分,确定学生培养目标、班级教育目标、单位和课程教学目标。并做好研究的指导。最后,通过学生特点以及对学生发展目标能力的研究确立了课堂教学的切入点,从而对教学任务作出了说明。

(三)教学内容分析

制约学生知识选择的因素,主要是社会心理因素、受教育者自身能力成长的一般规律,以及教育学的基本理论。而经济社会发展中对大学生能力成长的普遍需求也是知识内容选取的一般基础。受教育者自身对发展规律、能力的要求,直接影响了课程内容。课程内容的基本要素是知识。

我们的专业基础课,选取的都是基础事实、基础概念、基本原则与分析方法。因为不同专业特点不同,因此专业课程教学内容的选取必须要保持教学内容的基础性、系统化、理论性、结构性,让学生通过学习既能掌握传统的知识与技术,又发展新技能,既具备充分发展的知识背景,又具备健全的自主人格。

课程的最基础的单元就是基础知识点,所以在选用教学内容时应该充分考虑知识点自身的特性。基础知识点也是整个课程和教学流程中的最基础元素,因此学生掌握教学内容的时间,就应从知识点开始。首先要认知和掌握一定的主要知识点,从而掌握主要知识点间的联系。所以,教师首先要将所学内容进行主要知识点分类,将主要知识点根据章、节、主要知识点类型加以分类,而各个主要知识点又可以包括若干种媒体形式的相应教学素材。

"知识点是教学活动过程中传递教学信息的基本单元,包括理论、原理、概念、定义、范例和结论等。"①如何对知识点加以合理归类,会影响到学生的学习效果。而对于知识点的归类需要详略得当。知识点分得较细会较为复杂,提高学生对知识结构整体掌握的困难,不利于高效复习;知识点界定得过大会涉及过多的知识点,从而造成学生的理解超载。而这些教学内容都是学科老师在经过学情分析后,对目标、知识和学生理解的基础上完成的。

知识点分类以后,要对知识点的有关属性做出界定,包含教学资源系列号、主要知识点编码、有关主要知识点所在的阶段、主要知识点前驱后继以及有关主要知识点的难易、需求了解的程度、教育资源的内容形态等。这些教学内容涉及技术性问题,应由信息技术教师和学科教师一起来完成。

通过每个基础知识点的相应属性值,就能够把资源整合并组织一起,组成相应的知识点网络结构。

(四)学习者分析

教学资源的组织既应基于课程本身的结构与知识的内在联系,也要反映学生的个体特征。对学生群体个人特点的分析主要涉及社会特征分析、学生预备知识分析与学生目标知识分析三个领域。对学生特点的调查则是在高等教育专家、课程教授与信息教育专家的共同支持下进行的。对学生基本特点的研究,包括:学习习惯、认知方式、学习能力以及其学习态度等;对学生预备技能的研究,即了解学生是否已经学会了自己所掌握的有关知识与技术能力;对学生目标的研究,即了解学生是否已学会全部或部分掌握了有关专业知识和技能目标。

对学生个体特点的分析主要是通过研究与测验相结合的方式。根据学生的学习过程以及使用者个性特点,通过学生特征模块能够为使用者选择针对性的教学资源。

通过构建学生特征模型,能够记录下学生信息与学习过程相关内容,包含了学生对当前知识点的熟悉程度、学生的复习时间、对学习知识点编号,以及关于前驱后继知识点设计和应用的教学资源、测试成果等。

①施岳定,张树有,项春. 网络课程中知识点的表示与关联技术研究[J]. 浙江大学学报(工学版),2003(05):12—15.

以《网页设计》课程为例，在学生选定主要知识点“框架”以后，课程首先进行对它的前驱主要知识点的相关检查，即首先检查学生对网页设计、文字标注、文本布局、图形标注、表单标识和图表标注多个主要知识点的把握状况。测验成绩超过规定的，操作系统将“框架”知识点添入教学历史库，确认学生早已熟悉了“框架”的主要知识点，否则就系统按照测验成绩查找使用者所不能了解的主要知识点。

当学生A进入系统中进行练习时，系统通过所读取的学生A的特征，确定学生A当前的学习状况。按照学生A的课程时间、难度、当前知识点的熟悉程度及其后续知识点内容，选择相应的教育资源。整个流程模拟人类教育组织流程，最后选择的教育资源就是满足相应的课程目标的个性化的教育资源，这样可以合理地实现个性化课程的实施。

（五）学习资源整合

通过学生的学习历程，并通过资源整合系统，使知识点与学生个性特征之间形成一定的联系，并按照知识点本身的难度，以及对学生的学习时间（包括当前掌握的知识点和后继知识点内容的学习规划），选择个性化的教学资源。

第二节 大学生线上自主学习教学资源组织的理论及技术依据

传统教育中，以教师讲解为特色的“五个一”教育工程并不能完全充分调动学生的内在积极性和主动，进而影响了学生的全面发展。而网络教学则最大程度地充分发挥了优秀教育资源的教学功能、最大程度地使优秀教育资源产生了经济效益。随着互联网学习的逐步深化，以及当前互联网教育资源根本无法针对学生的特点，有针对地、生动地组合教育资源的弊端，严重影响了学生自主学习的高效开展。所以，我们有必要建立一个全新的教育资源组合方式，让使用者能够针对自己的学业状况自由地选取学习内容，并设定好学习时间，老师也能够根据各个阶段的学生情况因材施教，让学生达到主动发展的目标。

一、教学资源组织研究要体现教学设计思想

教学设计理论是网络教学资源设计与开发的重要理论依据。网络教学资源组织过程秉承加涅的教学设计思想,认为教学设计就是设计一系列的教学事件,这些教学事件作为学生学习的外部条件能有效地促进学习。为了设计这些教学事件,网络教学软件需要提供一系列的教学事件。其具体流程为:首先,对知识进行分类和表征,通过知识表征建立系统参数;然后系统根据参数运用一定的教学处理规则来生成教学策略、模式和教学建议。①

对教育活动进行整体设计,明确了起点行为的教育具体对象,制定具体的教学策略,并编写了过程式评价试题,最后,按照整体设计的方法建立网络教育资源。

二、自主学习是学习者对知识的主动构建

建构主义强调学习是学习者通过已有的经验、知识结构对新知识进行主动构建的过程;在学习的过程中,学习者一方面要利用原有的知识结构同化新知识,赋予新知识以某种意义,另一方面要顺应新知识,对原有认知结构进行改造与重组。学习者通过自主学习完成对知识的有意义的主动建构。在完成这个有意义的知识建构的过程中学习者不断地对已有知识进行修改和完善,以形成新的表述。②学生在对知识内容展开认知前,其实就已经建立起一个个的知识体,而这些知识体系往往只是一些细小的部分。一个对新的知识单元的学习,是建立在原来的知识结构的基础上的。每一条知识结构都含有两种基本元素:知识单元和链。链是一种等待完成的连接体,它也能提供对新信息单元的追加。只有在学生切实掌握了学习的核心内容之后才能建立稳固的知识架构,而稳固的知识架构是追加新学习单元的基础。这些知识结构可能是非线性的,但由于学生认知进展阶段的变化,它能够多向扩展,可能同样也有很多的链在期待着新认知单元的追加。教学资源组织流程中使用到先进的超媒体技术,以非线性的方法组合教学资料,达到了对教学资料

---

①王世敏,谢深泉,程诗杰.计算机智能导师系统(ITS)的构思[J].湘潭大学自然科学学报,2001(03):20—24.

②祝智庭,钟志贤.现代教育技术促进多元智能发展[M].上海:华东师范大学出版社,2003.06.

最高效的组合与管理。在超媒体的世界中,大学生能够按照自身的实际状况和兴趣爱好选取有利于自身学习的内容和学习策略,学习的主动性获得极大的提升。

以网络为基础的自主学习是以学习者的学习为中心,着意于给学生提供一种促进自主学习的学习氛围。即将学生放在真实的情境中,并努力地从现实任务中获得体验并建构能力,让他们了解和学习应用知识。计算机网络中,虚拟现实技术已经达到了建构主义的情景化学习的基本要求。在实施教学资源构建之前就应该研究学生的学习特点,并发现学习功能和学生认知结构的结合点,以便引导学生从不同的角度进入不同的环境中去学习,从而促进学生对新鲜事物的同化与适应,以实现知识意义上的建构。

建构主义认为,人与环境互动过程中建构的认知因人而异,这就要求学生就某一问题与他人交换意见。在网络教学的环境下,学生不仅可以共享丰富的信息资源,还可以利用网络进行信息交流,包括学生之间、学生与计算机之间、学生与教师之间的交流。

三、大学生网络自主学习是个性化的学习

教育应当重视个人的多样性与特点,但因为受家庭、个性、社会等众多各种因素的限制,每一位使用者自身都面临着差异,所以教育者必须针对个人实际状况因材施教,在教学中体现个性化教育的思想。

个性化学习是学生可以根据自己的个性特点和需求,选择适合自己的学习道路发展的学习活动。个性化学习不同于个别化学习,个别化学习强调学生独立解决问题,体现的特点是充分发挥学生的自主性和独立性,也许还可以个性化;而个性化的学习重点是充分了解学生原有的知识经验和个性特点,让学生得到最优发展,可以使用个性化的学习方式也可以采用合作学习的方法。

个性化学习是相对于传统划一的教育思想而言的,它承认和重视学习者的个别差异,是一种以人为本的、从人的个性出发的教育理念,采用多元化的形式、多样化的内容为学生的发展提供广阔的空间。①

近年来,由于互联网信息技术的迅速发展,个性化学习也正在以数据库技术为基础而构建出来的互联网环境中发展。在个性化教学流程中,系统通

①闫兴亚.基于网络的自主学习模式设计与应用研究[D].兰州:西北师范大学,2003.

过将学生个人和人机界面之间的互动信息抽取，为学生个人提供了个性化的教学资料。而个性化教学的系统进行了需要教学资料的有效组合与设计，通过特定的教学资源组合方法，系统应可以综合分析学生信息、学习进度、对知识点的掌握情况、测验结果和考核等信息，并以此获取有用的教学资讯，教师可以据此提出更符合学生个人的教学策略，为学生提出下一个学期的教学建议，为学生个人创造更个性化的教学内容。

四、网络教学资源组织的相关技术

（一）多媒体技术

借助多媒体技术也能够充分调动学生的学习兴趣。多媒体课程管理系统通常采用了图像菜单、图标、多视窗等各种图形用户界面来成为人机互动用户界面，并且内容能够及时反映。这样就能够更有效地充分调动学生的掌握热情力，使他们形成了强烈的教学浓厚兴趣，进而产生了学习动机。同时使用多媒体技术还能够提高对学生基础知识的掌握和保持。有关研究表明人类获取的信息83%来自视觉，11%来自视听觉，3.5%来自嗅觉，1.5%来自触觉，1%来自味觉。多媒体技术使学习过程既能看得见，又能听得见，还能用手操作。这样通过多种感官的刺激获取的信息量，比单一地听老师讲课强得多。有关知识保持的实验研究资料表明，人们能记住自己阅读内容的10%，自己听到的内容的20%，自己看到的内容的30%，自己既看得到又听得到的内容的50%，如果把自己接收到的信息再用讨论的方式表达出来则可以记住信息的70%。[①]使用多媒体计算机既可以有效获取视觉和听觉的信息，同时也可以利用计算机的交互作用与同学以及教师进行互动，从而实现了对课堂信息的积累与保持。

利用多媒体信息技术，可对教学信息系统进行更有效的管理工作。以节点为单元，在节点内和节点之间运用描述他们相互之间的关联的信息链来进行联系，从而构成了网状的信息结构，符合于人们联想思考的特点，也有助于对学生的创造性思维的培养。

利用多媒体技术可以营造理想的学习环境，促进学生的自主学习。在意

①汪凤炎，燕良轼．教育心理学新编[M]．广州：暨南大学出版社，2006.05.

义建构的过程中，学生始终处于主体地位。通过积极收集和分析材料和数据，他们可以在老师的指导下，与同学进行讨论，得出问题的结论。

（二）动态网页制作技术

通过动态页面设计方法，不但能够做出生动、形象的Web页面，同时也能够进行使用者与知识资源中信息的互动与传递，利用预先开发，能够针对使用者的各种需求向其提供多元化的信息及多样的方式。另外，动态网页生成技术也能够促进老师与学校及学生与学校间的沟通与合作。

（三）数据库技术

数据库（Data Base）是指以一定的组织形式存放在计算机存储介质上的相互关联的数据的集合。

数据模型是用来描述数据的一组概念和定义。它包括两个方面：

数据的静态特性指数据的基本结构、数据间的联系和数据中的约束；

数据的动态特性指定义在数据上的操作。

数据模型通常有两种：关系数据模型和E-R数据模型。

在关系模型中，信息被组织成若干张二维表的结构，每一张二维表被称为一个关系（relation）或表，每个表中的信息用来描述客观世界中的一件事情。

通过数据库技术，按照基础知识点层次结构以及知识点间的相关性生成基础知识点结构模型，从而能够将学生的性格特点转换为适用于计算机处理的学生特征类型，以方便提取与管理。

第三节　在线学习资源组织对大学生自主学习效果的影响

一、背景及现状分析

（一）大学生利用在线学习平台进行自主学习的普及化

大学生自主学习是指在没有老师的引导下，由大学生自己制定目标、选择学习资料、实施教学活动、监测与评价学习成果等的过程。由于当前大学生多样化的学习需求，导致自主学习时间比例也愈来愈大。而伴随“互联网+教育”的发展，这些网络平台也大批出现，如海外的Courser、Udacity、edX，乃至中国国内的留学通、课堂上网、国家学校MOOC等。网上学习环境基于可以随时掌握全球教育资源的优点，很快引起了身为网上原住民的中国当代大学生的广泛重视，成了他们自主学习的首选。2021年中国互联网大会召开，会上发布的《中国互联网发展报告2021》显示，2020年，我国在线教育市场规模保持稳定增长，达到4858亿元，同比增长20.2%。本节所研讨的大学生自主学习，是指中国大学生利用在线学习平台所进行的自主学习活动，其所需要的在线教学资料也大多是指在线教学平台上的教学录像资料。

（二）当前大学生在线自主学习存在的问题

对在线学习网络平台的大量支持，充分说明了国内外各界都对通过在线学习平台实现自主学习寄予了厚望，因为在线学习网络平台做到了任何地方都可以为大学生自主学习提出任何所需信息，从而真正地做到了高等教育公平。英国前首相顾问麦克尔爵士说，如果十年之内英国没有几所大学关门，他会感到非常吃惊。甚至有学者指出，在不久的将来，传统的大学将不复存在。

然而，各大在线学习平台统计的课程完成率数据明显表明大学生自主学习效果低于大家的预期。如：国外主流在线学习平台Coursera的课程完成率只有7%—9%，国内在线学习平台的平均课程完成率不足10%。

由此可见，虽然大学生利用在线学习平台进行自主学习已经进入普及化阶段，但是其效果却并不理想。为探究造成当前大学生自主学习效果不理想的原因，我们选取当前大学生使用较多的两个学习平台（中国大学MOOC、学堂在线）上的评论数据，共获取7992条评论数据。经数据清洗后，得到6752条有效评论数据。对这些评论数据进行文本分词、去除停用词、文本向量化、主题分析，得知当前在线学习平台上大学生自主学习效果低于预期的最主要原因有以下两方面：

第一，在线课程体验方面：广告过多、播放卡顿、平台打不开、考试不提示、平台升级困难等。

第二，在线学习资源的主要方面：资源组织、不成系统、不全面、内容零碎、缺乏相关性等。

二、在线学习资源组织的概念

在线学习资料组织是指为便于大学生自主学习搜索、收集在线学习资料，对在线学习资料进行表示、编目、有序化等处理工作的流程。基于信息资料组合的完整性、可靠性、系统化的原则，网络学习资料组合应当具备如下技术特点：

（一）标签完整性

按照信息资料组织的整体性原则，对在线学习资料内容进行表示同时要做到涵盖在线学习资料全面、完整的内容。表现在对在线学习平台上在线学习资源的标签必须要全面、完善。所以，对在线学习资源进行表示同时要保证对在线学习资源标签的完整性。

在线学习资源标签的完整性又称标记完整性，是指对在线学习信息资源描述时要实现对在线学习信息资源标签的全面、完整，如此才可以体现在线学习信息资源的全貌。针对在线学习资源管理标签的更全方位、完善，国内外学者已经开展了大量的研究，其中影响最大的就是通过元数据对在线学习资源管理进行表示。目前常见的元数据规范主要有教学对象元数据模型（LOM）、SCORM元数据标准、教学资源元数据规范（LRM），以及教育元数据规范，CELTS-42。

本研究对现有元数据标准进行汇总、整合、形成了一套完整的在线学习资源标签体系，该体系包含资源描述类标签、资源归属类标签、外部属性类标签，具体如表4-1所示。

表4-1 完整的在线学习资源标签

类别	维度	具体标签
资源描述类	资源内容	课程名称、知识模块名称、关键词、内容描述、知识类型、交互类型、认知类型、先修知识、课程目标
	资源属性	视频格式、文件大小、清晰度、时长、语种、国家精品（是否）
资源归属类	学科归属	学校
	学校归属	学校、学校类型
	教师归属	授课教师、教师团队、教师职称、教师单位、担任职务
	适用归属	适用对象（年级、学科、学校、学习目的）
外部属性类	评价信息	评分、评论

续表

类别	维度	具体标签
外部属性类	日期信息	创建时间、修改时间
	参考信息	参考材料

(二)标签有效性

按照信息资料组织的可靠性原则,对这些资料加以编制时应努力做到完善、精确、可信。表现在,在线学习平台上网络学习资源标签的取值必须要规范、准确、有效。所以,对网络学习资源实行编目时要保证网络学习资源标签取值的有效性。

标签取值的有效性简称标签有效性,是指对网上学习资料经过编目后要保证网上所学的标签值合理、正确、高效,以便于大学生自主学习获得标签取值标准的网上学习资料。当前为研究者们所广泛认同的中国境内主流在线学习工具,包含中国高校MOOC、学堂在线、智慧树、留学通、好学校在线。通过分析以上五个工具对在线学习资源的标签取值标准,将其分成两种:一种是当前已经明确,如对课程、时间等的标注,中国教育部也有具体的取值标准;二是当前尚未明确的,如关键词,知识介绍、课程目标等,具体见图4-2中给出。

表4-2在线学习资源标签分类

类别	具体标签	取值	标准来源
当前已有的规范	视频格式	MPEG、AVI、ASF、MOV、WMV等	DC、LRM
	文件大小	-	DC
	清晰度	-	DC、SCORM
	时长	-	SCORM、DC
	语种	-	CELTS-42
	国家精品	是/否	教育部课程名单
	学科	哲学、教育学、经济学、法学、医学、军事学、文学、工学、农学、管理学、艺术学、历史学、理学	教育部学科分类
	知识类型	策略性知识、程序性知识、陈述性知识	SCORM
	交互类型	互动性、解说型、混合型	LOM

续表

类别	具体标签	取值	标准来源
当前已有的规范	认知类型	记忆、理解、应用、评价、创造	SCORM
	学校	–	教育部高校名单
	学校类型	综合类、理工类、师范类、农林类、医药类、语言类、政法类、财经类、艺术类、体育类、民族类、军事类	教育部学校类型
	教师	–	实际姓名
	教师职称	助教、讲师、副教授、教授	教育部、人社部
当前没有的规范	教师单位	–	实际单位
	创建时间	–	CELTS-42
	修改时间	–	CELTS-42
	知识模块名称	–	–
	课程名称	–	–
	关键词	–	–
	内容描述	–	–
	先修知识	–	–
	适用对象	–	–
	课程目标	–	–
	评分	–	–
	评论	–	–
	教师团队	–	–
	担任职务	–	–

（三）资源关联性

根据信息资源组织的系统性原则，对在线学习资料进行有序化处理时应实现系统、有序。具体体现在，在线学习平台上在线学习资料间要存在一定的相关性。所以，对在线学习资料进行有序化处理同时要保证与在线学习资料的相关性。

在线学习资源的相关性被称为资源关联性，是指在对在线学习资源进行有序处理时，应建立在线学习资源之间的关联，使大学生能够获得系统有序的在线学习资源。在线学习资源之间的相关性有不同的维度，如表4-3所示。

表4-3 在线学习资源关联的维度

维度	具体关系
资源的先修	先修、后修
资源的范围	包含、属于、继承
资源的内容	等价、相似、相关、引用
资源的归属	同一学科、同一学校、同一教师、同一教师团队

三、在线学习资源组织研究现状

(一)学术界在线学习资源组织

网络时代,怎样合理组织网络学术资源日益引起国内学者的重视。在线学习平台诞生的初期阶段,在线学习平台对网上学习资源组织管理工作主要是以分类的方法较多,注重于对网上学习资源实行分门别类的管理工作。

随着信息技术的发展,网络学习平台的大规模兴起,网络学习资料逐渐呈现了海量、来源广、碎片化的特点。原有的网络学习资料组织方法已无法适应学生多样化的需要,对网络学习资料组织方法提出了更加系统组织的要求。于是,部分研究者开始从系统的视角探讨在线学习资源组织的方法。文章从标签整体性、标签实效性、资源相关性三种在线学习资源组织的技术特点入手,对当前在线学习信息资源系统化机构的主要研究成果进行了总结。

在标签完整性方面,目前研究成果最多的是通过元数据对在线学习教育资源作出表述,已经建立了一些比较权威性的元数据标准,如学习对象元数据模型(LOM)、SCORM元数据标准、学习资源元数据规范(LRM)、基础教育元数据规范CELTS-42。学界对于通过元数据对在线学习教育资源作出表述已开展了大规模深入研究,但是并未建立系统的元数据标准,目前元数据在部分内容领域方面还缺乏完善。具体表现为:学习对象元数据模型(LOM)缺乏先修知识、认知类型、知识模块、教师团队等标志。而SCORM元数据规范则缺乏先修信息、知识模块、课程目标、教师团队、学校类型等标签。学习资源元数据规范(LRM)中缺少了课程目标、教师团队、知识模块名称、学校类型等的标签。

在标签有效性方面,从前文得知,当前中国的在线学习网站上的知识资源标签取值可分成两种，一种是当前已经标准化的，如课程、学校等的标签，中国教育部有具体的取值标准；第二种是当前所不能规定的信息，如关键词，教学内容描述、课程目标等。

（二）现有在线学习平台在线学习资源组织

本研究从标签完整性、标签有效性、资源关联性三个在线学习资源组织技术特征分析国内主流在线学习平台在线学习资源组织的现状。

1.标签完整性

梳理国内主流在线学习平台上在线学习资源的标签，具体如表4-4所示。由表4-4可知，国内主流在线学习平台上在线学习资源的归属类标签和外部属性类标签整体比较完整；而资源描述类标签普遍缺少先修知识、交互类型、认知类型等标签。

表4-4国内主流在线学习平台上在线学习资源标签完整性情况

	维度	标签情况	缺失标签
中国大学MOOC	资源描述类	课程名称、国家精品/非国家精品、预备知识、课程目标、课程介绍、知识模块名称、文件大小、视频格式、清晰度、时长	关键词、语种、知识类型、交互类型、认知类型
	资源归属类	授课教师、教师团队、教师职称、教师单位、所属学校、学科、课程对象	学校类型、教师职务
	外部属性类	评论、参考材料、创建时间、修改时间	评分
学堂在线	资源描述类	课程名称、国家精品/非国家精品、课程大纲、课程介绍、知识模块名称、视频格式、文件大小、清晰度、时长	关键词、先修知识、语种、知识类型、交互类型、认知类型
	资源归属类	教师、教师职称、教师单位、开课单位、学科、教师团队	学校类型、教师职务、适用对象
	外部属性类	参考材料、创建日期	评分、评论、修改日期
智慧树	资源描述类	课程名称、课程背景、课程介绍、课程大纲、知识模块名称、视频格式、文件大小、清晰度、时长、课程目标	国家精品/非国家精品、先修知识、知识类型、交互类型、认知类型、语种

续表

	维度	标签情况	缺失标签
智慧树	资源归属类	教课教师、教学团队、教师职称、教师单位、职位、学校、适用对象	学校类型
	外部属性类	参考材料、创建时间、修改时间	评分、评论、参考材料
学习通	资源描述类	课程名称、课程概要、课程大纲、知识模块名称、视频格式、文件大小、清晰度、时长、课程目标	国家精品/非国家精品、先修知识、知识类型、交互类型、认知类型
	资源归属类	学校、学科、教师团队、授课教师、教师单位	学校类型、教师职务、适用对象
	外部属性类	参考教材、评价、评分、创建时间	修改时间
好大学在线	资源描述类	课程名称、课程介绍、课程大纲、课程目标、知识模块名称、知识类型、语种、视频格式、文件大小、清晰度、时长	先修知识、知识类型、交互类型、认知类型
	资源归属类	所属学科、授课教师、教师职称、教师单位	学校类型、教师职务、适用对象
	外部属性类	参考材料、创建时间、修改时间	评分、评论

2. 标签有效性

通过梳理国内主流在线学习平台上在线学习资源标签的取值，具体如表4-5所示。由表4-5可知，对于当前已有规范的标签，部分学习平台按照已有的规范设置了标签的取值，也有部分学习平台尚未按照规范设置标签的取值；对于当前没有规范的标签，不同平台上标签的取值各不相同，尚未形成统一标准。

表4-5 国内主流在线学习平台上在线学习资源标签有效性情况

	已经规范的标签	尚未规范的标签
中国大学MOOC	国家精品/非国家精品、文件大小、视频格式、清晰度、时长、授课教师、教师职称、教师单位、所属学校、创建时间、修改时间	课程名称、知识模块名称、预备知识、课程目标、课程介绍、学科、评论、参考材料、教师团队

续表

	已经规范的标签	尚未规范的标签
学堂在线	国家精品/非国家精品、视频格式、文件大小、清晰度、时长、教师、教师职称、教师单位、开课单位、学科、创建日期	课程名称、课程大纲、课程介绍、知识模块名称、参考材料、教师团队
智慧树	视频格式、文件大小、清晰度、时长、教课教师、教师职称、教师单位、职位、学校、创建时间、修改时间	课程名称、课程背景、课程介绍、课程大纲、教学团队、课程目标、适用对象、知识模块名称
学习通	视频格式、文件大小、清晰度、时长、学校、学科、授课教师、教师单位、创建时间	课程名称、课程概要、课程大纲、课程目标、知识模块名称、教师团队、参考教材、评价、评分
好大学在线	知识类型、语种、视频格式、文件大小、清晰度、时长、所属学科、授课教师、教师职称、教师单位、创建时间、修改时间	课程名称、课程介绍、课程大纲、课程目标、知识模块名称、参考材料

3.资源关联性

梳理国内主流在线学习平台上在线学习资源的关联情况，具体如表4-6所示。由表4-6可知，各个平台普遍建立了在线学习资源之间简单的关联关系，如同一学科、同一学校的关联，但缺乏其他维度的关联。

表4-6 国内主流在线学习平台上在线学习资源的关联情况

	已有关联	缺失关联
中国大学MOOC	同一学科、同一学校、先修后修	包含、属于、继承、相同、等价、相似、相关、同一教师、同一教师团队
学堂在线	同一学科、同一学校	先修、后修、包含、属于、继承、相同、等价、相似、相关、同一教师、同一教师团队
智慧树	同一学科	先修、后修、包含属于、继承、相同、等价、相似、相关、同一学校、同一教师、同一教师团队
学习通	同一学科	先修、后修、包含、属于、继承、相同、等价、相似、相关、同一学校、同一教师、同一教师团队
好大学在线	同一学科、同一学校	先修、后修、包含、属于、继承、相同、等价、相似、相关、同一教师、同一教师团队

四、建议与对策

(一)在线学习资源组织的建议

对于即将建设的在线学习平台,对在线学习资源进行有效组织应注意以下几个方面:

1.建立完备的在线学习资源标签体系

根据研究结论,在线学习资源标签完整性正向影响大学生自主学习效果,在线学习平台应建立一套完备的在线学习资源标签体系。完备的在线学习资源标签体系应包含资源描述类、资源归属类和外部属性类标签。对于资源描述类标签,应包含课程名称、关键词、内容描述、知识类型、交互类型、认知类型、先修知识、知识模块名称、课程目标、视频格式、文件大小、清晰度、时长、语种、国家精品等标签;对于资源归属类标签,应包含学科、学校、适用对象、授课教师、教师团队、教师职称、教师单位、担任职务。对于外部属性类标签应包含评分、评论、创建时间、修改时间、参考材料。

2.建立标准的在线学习资源目录

根据研究结论,在线学习资源标签有效性正向影响大学生自主学习效果。为了保证用户上传的在线学习资源标签取值的有效性,在线学习平台需要预先建立一套规范的在线学习资源术语规范,形成一套标准的在线学习资源目录。首先对于已经有规范的在线学习资源术语,应严格按照已有的术语规范,设置在线学习资源目录,当前已有规范的标签有视频格式、文件大小、清晰度、时长、语种、国家精品、一级学科/二级学科、知识类型、交互类型、认知类型、学校、学校类型、授课教师、教师职称、教师单位、创建时间、修改时间。而对于当前没有规范的在线学习资源术语,应在各高校培养方案的基础上,并结合相关领域专家的意见,确定每个术语的规范,当前没有规范的标签有关键词、内容描述、课程名称、知识模块名称、先修知识、适用对象、课程目标、评分、评论、教师团队、担任职务。

3.建立多维度的在线学习资源关联规则

根据研究结论,在线学习资源关联性正向影响大学生自主学习效果,在线学习平台应建立在线学习资源多维度的关联关系。具体可以从以下几个方面入手:①先后关系,基于资源的先修知识,应建立在线学习资源之间的先修后修关系。例如:《数字逻辑》是《计算机组成原理》的先修课程,两者具有先修后修的关系。②范围关系,基于资源的范围,应建立在线学习资源之间包含、属于与继承的关系。例如:教育测量方法包含卡方检验、U检验等知识,他们之间具有包含属于的关系。③内容关系,基于资源的内容描述,应建立在线学习资源之间等价、相似、相关与引用的关系。例如:《管理学原理》与《管理学基础》两门课程资源具有相似的关系。④归属关系,基于在线学习资源的归属,应建立在线学习资源之间同一学科、同一学校、同一教师、同一教师团队的关系。例如:大连理工大学开设了《城市管理学》与《组织行为学》,两门课程具有同一学校的关系。

4.针对不同类型的在线学习资源采取不同的在线学习资源组织技术

实证研究结果表明,通识类在线学习资源与专业类在线学习资源对标签完整性、标签有效性、资源关联性的依赖程度不同。所以,面对各种类别的这些教育资源,网络学习平台就应该采用差异化的教育资源组织者方法。具体内容应该从这样的两种角度出发:①针对通识类的线下学习资源,线下教学资源组织应该关注标签整体性与标签实效性;②针对专业知识类的线下学习资源,除了标签整体性和标签实效性之外,线下教学资源组织也应该关注与线下学习资源间的相关性。

5.针对不同领域的在线学习资源采取不同的在线学习资源组织技术

实证研究的结果表明,教育领域在线学习资源、经济领域在线学习资源与工业领域在线学习资源对标签完整性、标签有效性、资源关联性的依赖程度不同。所以,面对各个行业的这些信息资源,网络学习平台都应该采用差异化的组织技能。具体来说,可以从这样的两个方面出发:①面向教育和经济领域的在线学习资源,在线学习资源组织者还应当关注产品标签整体性与产品标签实效性;②面向产业领域的在线学习资源,除了标签整体性与产品标签实效性之外,在线学习资源组织者还应当关注与在线学习资源间的相关性。

6.针对不同学科的在线学习资源采取不同的在线学习资源组织技术

实证研究的结果表明,工学学科在线学习资源、理学学科在线学习资源、经济学学科在线学习资源和管理学学科在线学习资源对标签完整性、标签有效性、资源关联性的依赖程度不同。因此,针对不同学科的在线学习资源,在线学习平台应采取不同的组织技术。具体可以从以下两方面入手:①针对管理学学科在线学习资源,在线学习资源组织应重视标签完整性和标签有效性;②针对工学学科、理学学科和经济学学科在线学习资源,在线学习资源组织应重视标签完整性、标签有效性和资源关联性。

7.针对不同用途的在线学习资源采取不同的在线学习资源组织技术

实证研究的结果表明,用于辅助本专业课程学习、学习其他专业/学科知识、提高成绩排名和拓展个人兴趣的在线学习资源对标签完整性,标签有效性、资源关联性的依赖程度不同。因此,针对不同用途的在线学习资源,在线学习平台应采取不同的组织技术。具体可从以下三个方面入手:①针对用于辅助本专业学习和学习其他专业/学科知识的在线学习资源,在线学习资源组织应重视标签完整性、标签有效性和资源关联性;②针对用于拓展个人兴趣的在线学习资源,在线学习资源组织应重视标签完整性;③针对用于提高成绩排名的在线学习资源,在线学习资源组织应重视标签完整性和标签有效性。

对于当前已经运行的在线学习平台,可以从以下几个方面对在线学习资源组织进行完善:

第一,应强化对现有网络机器学习资料标签安全性和标签有效性的检查。通过检查,可以了解在线学习资料标签的状况,并通过必要的技术手段,控制标签不健全和标签中取值不标准的资料上传,同时也通过技术手段对现有在线学习资料标签完整性和标签的有效性加以完善。

第二,应加强现有在线学习资源之间的关联。实验调查结果显示,线下教学信息资源间关联关系越强,大学生自主学习的成效就越好。所以,在线学习平台应该充分运用当前的手段,在既有关联关系的基础上,进一步增强与线下教学信息资源间更多维度的关联关系。

第三,应采取多元化的线下学习资源的方式。不同类别、不同领域、不同学科和不同用途的在线学习数据,对标签完整性、标签有效性、资源关联性等的影响程度也有所不同。所以,在线学习系统应该针对在线学习数据的类型不同,采用不同的管理方式。

(二)在线学习资源组织的对策

完整的在线学习资源标签体系、标准的在线学习资源目录系统和多维度的在线学习资源联系机制的构建都需要领域专家来完成。但是,在当前信息更迭快速,信息资源丰富的年代,通过专家的人工手段对在线学习信息资源加以标签标注、联系是很难以实现的。主要是因为:一方面通过研究专家的方法要花费大量的时间与精力;另一方面,由于学科间交叉整合发展的要求和知识动态更替的现实,对网络知识资源的标签标注、关联性等提出了很高的要求,学者们很难了解整个领域的知识;而人工的方法又存在着一定的主观性,易产生不规范、不准确的问题。

所以,怎样运用计算机技术辅助专家学者们来完成对在线学习资料的标签标注、关联,是一个亟待解决的课题。该文在在线学习资料管理方法的基础上,提出了可供参考的在线学习资源管理的方法。

1. 在线学习资源标签完整性对策

实验研究结果表明,网上教学信息资源标签完整性对大学生自主学习效果存在着正面作用,基于此结果可以给出构建完整的网上教学信息资源标签系统的方案。对于网上学习系统,如何构建完整的网上教学信息资源标签系统,就需要利用当前领先的特征识别技术和分类方法,从网上教学信息资源中获取可作为网上教学信息资源组织的系词符号和其余特性标志。各领域专家学者应对所获得的系词符号和其余特性标志,是否可以用作网上教学信息资源的标签做出全面评价。另外,结合学习对象元数据模型(LOM)、SCORM 元数据标准、学习资源元数据规范(LRM)、基础教育元数据规范 CELTS-42 等已有的元数据规范,按照线下知识信息资源的特点及其应用人群的特点,选取线下知识平台所需要的标签,从而形成了一个完整的线下知识信息资源标签体系。

2. 在线学习资源标签有效性对策

实证研究表明,网上教学信息标签取值的准确性对中国大学生自主学习效果产生了正面作用,基于此结论我们给出了构建规范化的网上教学信息列表的建议,并给出了规范的网上教学信息标签技术。怎样确定在线学习教育资源的标签标注符合规范,才能使计算机对在线学习教育资源的计算机标签内容加以鉴别、标注和校正。在机器标注的基础上,专家还需要对计算机标签的内容加以检验,并对出错的计算机标签内容加以校正,以提高计算机标签的准确性。

3.在线学习资源关联性对策

实验研究结果表明，与在线学习资源的关系对大学生自主学习效果产生了重要的正面影响，而基于此结果我们应该给出关于构建更多层次的，与在线学习资源关联规则的意见。怎样构建在线学习资料中多维度的关联关系，可采用特定的手段，比如由HPLab公司发布的一个用于语义网络应用程序开发的开源框架，该框架可使用本体模式，自界定所有生成式的关系规律，并使用推理机完成对部分学习资料的关系。还有k-means的资料聚类技术，以及卷积式神经网络中的技术等，都可以进行资源的关联，而这种相关技术对于辅助在线教学平台上构建在线学习资料间多维度的关联关系，也有着一定的重要性。

第五章 新媒体时代大学生线上自主学习激励机制系统结构设计

第一节 网络学习内容系统的激励机制设计

网络学习内容的组织方式将直接影响着学生对知识点的组织和意义建构，影响学习成果，学习知识设计就是把互联网上提供的知识内容根据互联网学习环境的要求与学习目标加以划分和重组，并针对各种学习内容的特征，选取不同的呈现方式，学习内容按照适用于互联网学习的方法与手段提供给学生。基于互联网知识内容体系中影响行为问题的分析，调动大学生参加互联网学习动机的因素包括如下几方面内容：

一、推广机制

网络学习平台对于在校大学生的普及也有着很大的不足，在人们不清楚也不知道网络学习的状况下，学生的数量确实不容乐观，所以要想互联网学习方式受到大学生的广泛欢迎，就首先要形成合理的宣传机制，对学习内容、平台信息、资源覆盖面、品牌优势等几个方面加以宣传，从而使更多的大学生认识到互联网教学的重要意义以及优越性。

网络学习平台在目前的教育领域属于一种创新项，是一个全新的教学方式、方法，所以，推进网上教学的过程可以在创新扩散理论的引导下实施。按照创新传播理论,互联网学习的传递途径可分成两类:大众传播渠道(通过大众传媒单向传递信息)和人际传播渠道(双向交流信息),把这两个宣传途径综合应用于整体宣传流程,从前期阶段对互联网学习方法的初始了解,中期发展阶段对互联网学习方法的尝试投入,后期发展阶段对互联网学习满意度以及能否进一步持久的判断。其中大众传播一般适合于前期阶段的宣传,人际传递则更适合于中后期阶段的推广。

二、资源支持

丰富的优质资源是保障网络学习能够持续开展的基础,现在的网络资源开发者越来越多,要迎合他们的需求欲,学习平台必须包含不同层次的、难易程度都覆盖的学习信息,同时在教学流程中给他们带来免费、开放的知识服务和帮助,需要做好对网络资源的管理,及时调整内容资源,与时俱进,使他们掌握相应方面的先进知识,需要对平台上的教学内容进行严谨的科学评估和系统化的总结,正确的项目设计和内容安排,把正确的学习资源信息按统一标准分类有序化地展示到互联网学习平台上,建立系统的专门的资料模块,方便他们查找并放心使用,满足他们的求知欲。

三、学习内容的多元化呈现

网络的学习内容比通过一些媒体元素来表达更能有效提升学习品质,媒体元素可以分为文本、照片、视频、音频和动画,将所学内容生动形象地表达可以引起网上学生的注意力,并利用丰富多彩的视觉与听觉信息相结合的效应增加学生的学习趣味,从而激活和保护网络学习动机,所以,在学习内容表达的设计方面,需要防止人们直接把书本内容罗列为网上电子图书的现状,也需要利用视觉与听觉等多种渠道来传达所学内容,并按照媒体元素的特点与所学内容的特性,科学合理地把这些媒体元素组合在一起表达教学内容,以减轻学生枯燥乏味的学习情绪。

第二节 网络学习环境系统的激励机制设计

一、设置辅助学习工具

良好的学习环境可以提高学习者的学习兴趣，网络学习环境系统中的辅助学习工具，主要指字典、词典、资源库、电子阅读笔记本等，对于学生在过程中碰到的难点或不理解现象，如没有适时地给其提出工具加以查询，就会影响学生的积极性，难题也不能解决，从而导致认知兴趣的下降。此外，由于当代大学生在选择网络界面或者纸张材料进行教学练习时，部分使用者并没有十分认可的网站页面，并且他们更偏向于使用传统纸张材料书写勾画，传统纸张材料也便利于使用者随时随地记下个人学习心得与解题思路，所以有必要在网站的教学系统中适当添设辅助教学软件，以鼓励使用者在有疑问时可以积极求知释疑解难，并记下个人练习笔记学习心得，同时也可以随时查询材料，记下自己学习的过程，从而调动和提高使用者的学习兴趣。

二、创设监督管理功能

大学生对于参与网上学习的专注度并不高，且往往会遭到娱乐资讯或其他内容的影响，而且在网上学习平台上又缺乏教师或父母来指导其集中的注意力学习，所以，需要建立一种监督管理学生的功能，即时关注学生的状况，并适时指导其专注学习，以防止因遭受其他诱惑而消减学习动机，保证网络学习质量。

三、可视化交互界面设计

许多互联网学习者都会通过对网页设计的直接感官美感度（视觉、听觉）和间接感官美感度（界面友好、实用、方便）及其对内部结构设计的合理深度来确定能否持续所学，鉴于此，互联网学习系统的可视化与交互式界面设计就显得尤为重要。

可视化的交互界面设计是通过面向对象技术的信息图形设计，既要提高视觉与听感的审美度又要使用户界面易于操纵，结构设计合理，满足使用者的行为，绝不是只强调美感最终却华而非实的视觉效果。好的界面设计效果，可以影响使用者的学习情绪，并对其心智与行为等活动起着激发的作用，所以，提高互联网用户界面的科学计算与可视化效果，对于提高互联网使用者的学习水平具有积极的作用。

四、学习者与网络教师的角色分工

学生和网络教师之间想要实现共同的学习目标就必须实现个人角色所必须实现的共同价值，合理利用学生之间、学生与网络教师之间的建立在共同学习目标上的合作关系，以提升互联网教学成功率。

学生担任给学习同伴施加压力的角色，学习需要压力和竞争，在压力和竞争的共同影响下，学习动机会显著提高，利用伙伴之间的压力与竞争，可以帮助学生积极地学习，改善并维持自身的地位，从而提升人际交往动机。网络教师承担裁判的重要角色，为学生予以赞赏或批判，由于大学生自身具有较强的自尊心，希望能够从学习中得到成就感，网络老师的赞赏往往能够让其增加成就感，而对网络老师的批判则会调动其自身发展的动力，使大学生们有了想要利用知识来获取成就感的需要。

第三节 网络学习活动系统的激励机制设计

网络学习是大学生课后自主学习的一个重要途径，除了可以利用优质的网络资源本身以及网上教学的便利性来调度他们主动进行学习的积极性以外，完善教学内容的设置也是保证其动机性增强的重要方法之一，而网上教学活动又可分成自主学习活动和协作学习活动和趣味学习活动。

一、设置任务激励和目标激励

学习活动的任务和目标是督促学生持续学习的一剂特效药，学生们必须确定好自身的学习任务和在任务完成后所能够达到的目标，而利用任务刺激与目标激发，就能够使学生们按照要完成的任务以及目标差额来调节目前的学习状况，同时学习平台也能够运用任务来指导学生学习，从而增强学习动机。

二、活动方式多样化

学习是一项对很多人来说有些枯燥的活动，在长期致力于同一种行为过程中就会产生乏味，而传统的学习方式也正在改变原来的“一言堂”教学模式，以各种方式相互结合激发他们的学习积极性，在网上的活动中更是如此，对于长期采用同一种活动方式进行的教学，他们也必然会日益感到乏味，而多种多样的活动方式则能够更有效地调动他们的学习积极性，并利用网络便捷与丰富多彩信息来源的优势，使他们感受到更加新颖的灵活多样的学习活动。

三、提高学生智能设备应用水平

学生们对于计算机或其他设备的应用水平与他们的认知兴趣以及自身的能力显著有关，不会完全使用智能电子设备或对某些功能不熟悉将直接造成大学生对网络学习的需求度降低，所以，提升网上大学生的智能电子设备使用水平是非常有必要的。网络教学平台通过介绍该学习平台的基本操作方法和一些常见的终端设备的操作技术，让学生在学习过程中遇到不知道操作及使用方法的困难问题后，能够很便捷地通过教学平台快速搜索到解决方法，不但可以维持学生的学习积极性，更可以让其进一步增强自己专业水平并为今后的发展做铺垫。

第四节 网络学习协商交流系统的激励机制设计

一、学习者之间、学习者与网络教育者的实时交流

网络学习开展过程中影响其效果的原因之一是缺乏面对面交流的机会，协商交流系统的设计正是弥补这一不足。在教学过程中网络研究者能够通

过网络平台提供的手段实现协作沟通，第一时间接收消息，减轻学习者的孤独感与无助感，从问题的交互中学到更多的方法。协商交流机制设计能够实现学习者相互之间以及学习者与互联网教育者内部的一对一、一对多或多对多的通信，随时都能够进行学术探讨或问题解答，不但能够结识新朋友，还能够在提问回答环节设置奖励制度，使研究者得到成就感并得到别人的认可，这能够满足学习者们的人际关系动机与自身成长动力。

二、智能化人机交互

网络学习中的人机交互是指网络学习平台与学习者之间的交互。学习平台应该在学习者提交测试结果后及时地给予反馈，以便使他们了解自身的教学活动究竟形成了怎样的成果，同时在教学过程中，及时与学习者发送智能语句，以便学生更深刻认识自身的学习进展，而网络教学中的及时反馈功用则是针对信息论和控制论问题而提出的，由于缺乏信息技术的及时反馈将无法对接下来的发展过程做出有效调控，因此使用者的学习状况究竟如何以及在教学过程中的什么请求都需要网络学习平台给予及时的反馈，以进一步提升其已有的学习动机水平。使众多网络学生体会到自身在一种有生机的良好氛围下认真学习，激发其学习动机，进而达到良好的教学效果。

第五节 网络学习评价系统的激励机制设计

一、评价方式多样化

网络学习评价是指对学习成果、学习行为、学习过程的评论和评分，从而提供学习建议。由于通过对网上学习动机研究结果表明，大学生摆脱传统动力意识较为浓厚，渴望可以寻找到个性化的自主学习方式，所以对于学习评价的设计就需要一改往常的学生完成某段学业后的考试评分制。评价的焦点在整个学习进程中，而不是个人学习的整体成果上，不但要对学生最后的学习成绩做出整体结果的评价，而且还要对学生每一次阶段性任务的进展情况都进行评价，而过程型评价则需要从各个时期对网络学生的多方面做出评价，如能力水平、进展情况和退步状况、心态与信心，以及学生所取得的阶段性成果等都需要进行详尽的评价。网络课程的学生主要来自全国各地，由于个人差异很大，所以为了适应大学生们的学习情况，我们可以采取各种评价手段，比如可采用一项或多项评价手段或者采取更多元化的评判指标对各个大学生加以评价，让他们打破传统认知，具有更个性化的认知空间，在评价后还要为他们提出带有指导性、方向性的意见，以此提高他们的学习热情与积极性。

二、学习成果展示

在网络教学平台开设一个关于学习成果的展示区域，把优秀的作品呈现给网络平台上的学生，能够给展现优秀作品的学生一种满足感与成就感，也能够形成榜样，从而让学生们可以看到他人的成绩并反省自身的不足之处，在持续的反省总结过程中成绩才会有明显提升，从而对其以后的学习活动形成了深远的影响，学习的动力也会更加积极。

第六章 新媒体时代大学生线上自主学习动机激励策略

无论是传统学习方式还是网络学习方式，对学生进行合理的鼓励都会提高其学习动机，而且还可以调动他们的学习激情，这样才能实现较好的教学效果。对于参加网上学习的大学生来说，学习的结果是个人需求的实现甚至是学习目标的达成，所以，要想得到好的教学效果，就要让大学生产生合适的需要或者恰当的学习目标，让其急切地希望实现个人的需求和意识到实现学习理想的意义与价值，同时也要使大学生意识到在网上学习可以极大可能地实现个人需求或者完成学习目标。

网络学习动机分为内部动机和外部动机。内部动机是指学习者由于自身因素而想要参与学习的心理过程，它涉及认知兴趣、自我发展和摆脱常规动机；外部动机是指学习者在外部因素的影响下想要学习的心理过程，它指的是人际关系和外界影响动机。其中认知兴趣、自我发展和摆脱常规动机的激励策略归属于内部动机的激励策略，人际关系和外界影响动机的激励策略归属于外部动机的激励策略。

第一节 基于学习内容的动机激励策略

一、推广策略

根据创新扩散理论,网络学习可以通过以下两种方式来进行推广:

(一)大众传播渠道

大众传播渠道最适宜运用在传播的初期阶段,也就是认知推广阶段。目前大学生主要是利用搜索引擎来了解专业知识和学习,大部分学生并未参加过相对系统、全面、规范、严谨的互联网知识,所以有必要通过系统规范的互联网学习平台,采用多元化的推广手段使更多的大学生熟悉和掌握其特征,从而会大大提高他们的积极性。

1.发布在线广告和通知

通过学校官网或在线教育网站发布简要、及时的信息,简单介绍某网络学习平台开设的主要内容及其优势所在,使更多的学生认识到这一学习平台的存在,但目前许多大学生都未参加过较为系统、全面、知识完备的网上学习,通常都是利用搜索引擎或一些学习软件习得一些还没有系统性连贯的内容,所以应多在网络上发出广告和通知,以引导大学生加入到网络学习中。

2.通过学校、专家、政府等宣传

通过前期的研究了解到,教师、专家等方面的意见或建议能够反映他们对网上知识的投入程度,所以,网上知识的普及与推广应该首先获得教师、专家等权威人士的肯定,让他们给学生介绍,自然可以增加学生的积极性和参与度。此外,也还可以通过政府及教育部门制定的相关激励政策来推广网络学习,使他们认识到网上学习目前可以获得政府有关部门的肯定,借此来确认网上学习的意义,调动他们参加网上学习的积极性。

(二)人际传播渠道

人际宣传渠道主要作用在宣传的中后期,即说服、决策、执行和确认的最后阶段,通过举办座谈会、网络学习者的发言、经验交流会,以及针对学生开展网上培训的讲座等形式，来提升在校大学生对网络学习的认知水平。

二、引进优质资源

大学生如果想要利用互联网实现个人的求知欲，充足的知识资源是保证互联网学习可以不断进行下去的重要基础，由于目前的资源开发者数量众多，教学平台的建设者们可以联络上一些有关教育领域的权威教师、专家学者，要求他们帮助开发资源，还可以引入现有的品质较好的教学资源，此外，学业资源或结业成绩收费制度也已成为限制大学生进行互联网学习的一个主要因素，要想长期保持对其的认知兴趣与动机，则要求资源开发者们建立健全的资料更新机制还要实行资料开放机制，以保证互联网教学平台可以提供高质量教学资源，从而可以满足大学生的求知欲。

网络学习资源零碎是大学生对其不满的原因之一，学习资源分散，难以检索与网络学习内外部动机均相关。为了改善资源零碎、不易检索的状况，网上学习平台内的资料需要进行系统的总结，对资料加以分类归纳。例如根据学科分类，在某个网页中分设了美术类教学模板、电脑类教学模板、医药类教学模板等等，甚至建立了各种专门的学习平台，如信息技术学习平台、语言类学习平台等，并根据专业领域或教学内容的不同来分类，让学生更清晰地认识整个学习平台所包含的资料，以便于使用。网络教学过程中，知识点内涵的正确性以及对知识点内容的系统综合程度是削减大学生认知兴趣动力的部分因素，所以，我们需要构建完备的教学内容评估机制以及统一的教学内容展示系统，把合理的资源内容按统一标准分类，有序化地展示到网上教学平台上，以方便学生的搜索与使用。

三、借助于媒体元素的内容呈现形式

经过对影响网上学习内容的各种因素和动机之间的相关性分析结论表明，学习内容的形式主要和内外部动机有关，所以对内容形式的优化设计就可以保证大学生的网上学习动机，而现有的内容形式则主要是使用视频、音频、文本中的一部分，所以笔者就提议重新设计将视频、动画和音频、文本、图像等多种媒介元素相结合的新内容形式。动画也可以说是视频的一部分，但它并不同于普通的视频，而是由于它可以增加趣味性，而动画和视频组合其实是可以构成一个生动有趣的，色彩丰富的视频世界，让学生保持着一个轻松的心境。这里结合的音频并非指在视频中讲解知识的音频，而是指一个或多个特效，比如转换场景画面的音频、在动画中对某控件移动的音频等，通过加入这种特效音来引起学生的注意力，从而增强动机，文本的添加则是把主要课程内容直观展示出来，针对不习惯于看视频教学的在校大学生可选择使用文本进行学习，以适应不同学生群体的需要，提高学习效果。

第二节 基于学习环境的动机激励策略

一、增设学习工具

网络学习平台增设学习工具是为了更好地帮助和支持学习者完成学习任务达到学习目标。首先，需要增加字典、词典和资源库等，同时也可由平台建设者自行编写或者在平台上嵌入相关的链接，使用者有需要也可自己点击链接进行查询。同时需要在平台上增加一种功能类似于笔记本的软件，在使用者学习的过程中这个笔记本将自动打开，学生就能够随时随地记下所学的心得、学习思路等，同时笔记本也会自动记录下学生都是在一个章节特定知识点的相应地方记录的笔记，便于以后总结知识点，从而调动和提高学生的认知兴趣与动机。

二、安装监督软件

由于各方面的影响，大学生参与网络学习的专注度不是很高，当确定学习任务后才会优先开展网上学习，所以在网上教学平台必须有监督管理的程序，以便监测他们的学习情况，适时加以提示与指导。

网络上大量的娱乐性的视频、游戏、小说等，使得大学生在完成网上学习之后很容易就被除知识以外的任何东西所诱惑，特别是完成网上学习的时候大多处于自主学习状态，由于缺乏教师、父母等的监护，大学生比较容易分心。所以使用学校安装的监控程序，对学生的学习进程实行了监测，在大学生完成学习的进度中，一旦监测到大学生正在访问与知识无关的网站之后，网上的系统就将自动弹出一条提示窗口，出现一些带有鞭策或者鼓励作用的语句，比如："专心学习，稍后再进行娱乐""加油，努力才能取胜"之类。使用监控方法可让使用者集中注意力，避免受娱乐资讯的影响，专注达成学业目标，并取得良好的学习成效。

三、界面设计策略

网络学习方式给大学生的第一印象便是界面设计的风格特点，不但需要界面简洁明了且容易使用，还需要颜色搭配合理，尽量避免采用明亮刺眼的颜色系统，多采用暖色调的护目色系统，而部分大学生不愿意使用电子资源学习的原因之一，就是因为长期盯着电子显示屏易形成眼疲劳，而合理的颜色组合效果则能够传达积极向上的正能量信息，抓住学生的注意力，在瞬间内便能够看出哪个部分是重点内容，此外，加入适当的动画和音乐效果也会给学生的视觉和听力产生一定冲击，从而让其能够形成更加浓厚的兴趣和积极性。

四、压力与竞争并存的学习环境

学生需要承担着一种压力与竞争中的同伴角色，在压力与竞争的共同影响下，为帮助学生积极参与学习，从而改善并维持自身的地位，并且提升人际交往的动机，网络学习平台设计可以加入积分制学习体系，而积分制也是目前盛行的网络游戏中最常用的一个激励策略，学习中的积分制度以学生平时的学习状况记录为基础，通过考核其学习成效、学习成绩等，累积到一定的分数后就能够提升等级，而不同的学生级别也具有不同的权利和义务，例如成绩最突出的高级学生就能够担任学校辅导员，监督与引导初学者。把网络游戏中的积分制度恰当地运用到学生群体中就能使学生群体内部互相公平竞争，因为只有在公平竞争的压力下才会有行动的动力，由此来保证网上学生继续学习。而网络老师可以作为给予赞许或批评的裁判角色，基于前面提到的设置监督机制软件系统的策略，由于网络教师能够随时随地利用监督软件系统掌握每个学生群体的实际学习状况，所以教师们能够针对其实际学习状况，对不认真的学生群体进行批评教导、对勤奋的学生群体实施赞扬教导、对成绩较好的学生群体实施激励教导，由此来提升学生的动机，从而提升网络学习的完成率。

第三节 基于学习活动的动机激励策略

一、初始目标设定

目标是人们的一种期望，是通过个体行为想要追求达到的某个结果，目标的内容和强度对动机与成就会产生显著的影响，学习目标亦是如此。当大学生认识到网上学习可以实现自身所希望实现的特定目标后，自身便能形成学习动机，于是，他们为了实现自身的目标而去主动努力学习后，就激活了自身网上学习的内在驱动力，这便是目标的激发作用。

学习前期适当设定目标有利于激发学习动机、培养学习兴趣，而网络课程的目标与设计过程既要兼顾提高学生群体的基本知识能力水平，也要充分考虑教学趣味和学生发展区之间的相互关联，所以，在选取目标和设计课程内容时，必须要兼顾学生群体的基本知识水平和最近发展区，让大学生的学习目标与任务都处在一种与其匹配的水平线上，才能使大学生利用学习实现自身的目标。

二、设置阶段性任务

在参与网络学习的初期，一般学生们都会先给自身制定一个学习总体目标，这种总体目标或许有较大的困难但或许也是非常容易就能够实现的总体目标，而在学习中，伴随学习时间的增长，学生们对于当初想要实现的总体目标的热情也会慢慢降低，或者丧失效果，在学习中通过设定阶段性任务提高了学习专注度，以免引起对娱乐内容和其他信息内容的干扰，而对娱乐内容和其他信息内容的影响也和内部动力显著有关，就这样，可以以任务驱动的方法来保持学生的注意力，从而起到了维持学习者内部动机和外部动机的效果。

阶段性任务需要按照具体的学习内容来设定，从简单的知识点逐步向复杂抽象主义的知识点过渡设计，要考虑学习者的实际水平，并进行对学生特点分析，目标的设定既不要过于简单也不要过于困难，既要具有一定挑战性，同时也不会让学生因为目标过于困难而中途放弃。教学也是个循序渐进的学习过程，开始时设定的目标可以是“理解基本概念和定义”这种比较简单的，然后再稍微提高目标难度，等到所学内容快完成时进行总结，指导下一个阶段的学习。这样既不至于使学生在最初阶段就碰到困难目标而直接放弃，又有一个逐步提升的过程，还会在终于完成时给学生一种成就感。

三、短期目标与长期目标相结合个性化学习

大学生在参加网络学习之前设定的目标，可以是一个短期的小目标也可以是一个长远的终极目标，而学校平台也应该依据其所设定目标的具体情况和学生后期学习状况及时调整学习活动，如果学生提出了个人的短期目标，那么学习平台就要按照其所学状况为其设计一个长期目标，而如果学生提出的是长期目标，那么学习平台就要按照其平日的所学状况为其设计分解这个中长期目标，从而建立一个个的短期目标。

在网络学习的过程中，不断地让学习者了解自己的目标进程，在学习进程中提示语的设置可以起到很大的帮助。在他们进行了某个单元内容的学习后，系统就会提醒“恭喜某某同学已经完成这一阶段的学习，可以进入下一个模块了”“目前距离您设定的学习目标还有XX个模块的知识”等，经过这种的提醒，既能够使他们认识到自身的进度，又能够在心态上暗示他们离完成学习目标并不遥远，从而提高了他们的学习动机，并促使他们继续学下去，最终取得较好的教学效果。

四、活动方式的设计

(一)自主学习活动

自主学习活动是一种相对来说比较单调和枯燥的学习过程，对学生的投入程度和学业耐力需求也较高，所以，在网络自主性学习项目的设计中，就必

须引入激励手段，以目标为驱动的方法，通过奖励制度来保障学习的正常实施。

（二）协作学习活动

协作学习活动目前无论是传统学习方式或是网络学习方式都得到专家学者们的共同提倡，协作学习活动的设计能够符合学生群体的人际交往动机。当代大学生的互联网知识从人际交往心理动机层次中反映出其对朋友的渴望，而协同学习项目正是其扩大朋友圈，结识志同道合好友的良好途径，而互联网知识平台中的大学生多来自不同的地方，出于对某一领域信息的共享需要而集中到同一个网络平台上进行交流学习，通过恰当的方法开展协同学习项目，使普通大学生之间更有机会了解彼此，从而实现其人际交往的动机要求。

（三）趣味学习活动

在自主学习活动和协作学习活动的设计之外，为适应大学生自身脱离常规的动机，还需要开展趣味学习活动的设计。当代大学生渴望个性化的生活、学习方式，渴望可以改变现有的一成不变的生活，也希望帮助其减轻日常生活的烦恼、压力，以弥补生活空虚，在网上学习中增加兴趣学习活动，以游戏化教学的激励方法，在轻松的中短期内解除对日常生活的困扰，以保持他们的良好积极性，从而改善网络学习效果。

五、提高学习者应用水平

电脑或其他电子设备的应用水平是制约大学生参加和坚持上网学习的因素之一，培养大学生的智能电脑使用能力可利用学校教育中的计算机课程来实现。还可在网上教学平台中设置有关该系统的操作使用方式以及几款使用终端（iPad、surface、计算机等）的操作训练功能，借此可以克服教学使用条件的困难，让大学生更有信心接受网上教学，提升学习动机。

第四节 基于协商交流的动机激励策略

一、网络教师、专家与学习者实时互动

影响大学生进行网上学习效果的主要原因是无法进行有效反馈和互动性较差，而这两种因素和网上学习的内外部动力显著有关，所以，通过提高网上学习中的人际交往互动性可以进一步维持大学生参加网上学习的动力，并保证其完成学习任务。

（一）网络教师与学习者实时互动

网络教师与学生互动是在于努力营建传统教学中师生互动的气氛，教学网络平台应该参照购物网站的客服设定，在各个教学内容、各个学科或每门课程中都配有相对责任的网上老师，做到随时回答学生的问题，建立实时推送功能，学生的消息应该推发送给网上老师，网上老师的回答信息内容也应该适时推发送给学生。在学生出现问题时都应该尽快获得网上老师的协助，而且老师也要注意学生的学习动态情况，给予恰当的提点，那么网络学习者的效率肯定会有所提高，学生会意识到自己并非孤独地在互联网中求学，营建面对面交流的气氛。一旦在网上老师的协助下处理好问题，将会提高学生的信心，有更多的自学动力，从而保证了网上课程的开展。

（二）相关领域专家与学习者互动

相应学术领域的权威人士对学习者在参与学习行为时的选择起到显著的影响，例如很多大学生会因为老师或专家的推荐、期望而选择参与某网络学习，不同领域的专家在学生心里是有着相当信服力的，所以可以在网上教学平台中设置对应的区域，来促进该领域的专家和学生群体的沟通，从而使学生更有可能体验到专家学者们的指导，以提高其外部效果与积极性。此外，当学生意识到许多权威人士，有名望的人也在该互联网教学平台中进行教学或学习时，自然增加了对该教学平台的认可度，从而更想加入到他们中，以实现其人际关系动机。

二、学习者与学习者之间的交互

学习者与学习者之间的交互可通过合作学习的方法来增强，两个或多个学习者讨论、协作、互助共同处理学术问题，共享他们的知识，取长补短，到达独自一人体会不到的层面，从而达到好的教学效果也可维持并增强学生的学习积极性。

三、网络学习平台与学习者互动

网络学习平台与学习者交互与反馈的前提是精心进行教学设计，将网上课程内容和学生群体活动恰当地融合在一起，让学生群体不再乏味地独自教学，从而实现了智能人机交互。比如，有时候学生在完成学习测验后并没有及时获取反馈信息，学生也不清楚对自己的学业活动形成了怎样的后果，因此，可以设置系统，把学生在网络学习过程中每一阶段的学习活动各种相关信息都记录在案，包含时间、利用某网络资源或开发工具的频次、学习效果等，全面记录下来以利于学生更加深刻认识自身的学业发展，同时也能够在适当的时间内主动传递记录信息给学生。

网络学习平台的及时反馈功能与网站的开发、设计密切相关，需要给学生提供各种形式的及时反馈，比如：对学生所选定活动的及时反应，当学生点击选定了一个菜单按键、超链接或者某个活动模块时应该迅速呈现其所选定的活动内容，但反应太慢很可能会造成学生丧失最初的兴趣；及时反馈测验结果，当学生提供测验的回答以后，网络学习平台就应该对回答的正确性或对错及时进行评估并回复结果给学生，若学生要求更详尽的回答分析，可进行选择分析菜单，随后网络平台也将及时推送分析结果给学生。

第五节 基于学习评价的动机激励策略

一、系统评价

系统评价是指网络学习中计算机自动对学习者的学习情况进行评价，通常情况分为两类:对学习者的测验结果评分和依据学习者的历史学习情况分析得出接下来建议学习者参与的学习内容,从而调动他们的认知积极性,同时他们也知道了自己不会的知识点有哪些,能够补充过去学习知识的欠缺,让学习继续进行。

二、学习者自评

学习者自我评估是在电子学习平台上设计自评方式。对于每个单元或模块,学习者回顾自己的学习并自我评估自己的学习结果。如果他们达到一定的水平,他们将继续学习。否则,他们将不断复习旧知识。自我评估是为了让学习者更好地掌握自己的学习效果,激发自我发展的动力,进一步提高自己的学业成绩和专业水平。

三、学习者互评

学习者互评的设计是为了激发大学生的人际动机。在网络学习中,大学生希望通过学习知识获得他人的尊重,提高个人的社会地位或水平。在相互评价的设计中,学习者会激发和加强人际动机,以保持个人自尊,努力学习以获得其他学习者的赞扬,并使大学生积极认真地学习。

四、教师评价

教师评价是指教师和专家在学习平台上对学习者学习的评价。当代大学生参与网络学习将受到外部世界的影响,如教师和专家的要求或期望。因此,教师评价是在评价环节设计的,目的是加强对大学生学习动机的外部影响,使他们感受到教师和专家的要求或期望,确保大学生参与网络学习,提高学习效果。

五、保密性评价

保密性评价是为了维护学习者的隐私,在学习过程中对评价的最终结果不进行学习者之间的排名比较,评价情况只有网络教师和学习者个人才能知道,这样可以提高学习者的内在动机。当然,如果一些学习者想通过排名来衡量自己的个人学习水平,可以与学习平台签订协议,在线平台会告知他们个人排名,但不允许向其他学习者透露自己的排名,以免在相互告知后从一些学习者的排名中推断出来,这相当于不尊重学习者的隐私。

六、优秀学习成果展示

优秀的学习成果可以是一张完美的试卷、一幅精美的插图、一个详尽的设计方案甚至是一个精彩的视频等,但只要学生觉得自己的作品很出色,就可以主动上传,让网络老师按照自己的标准判断作品是不是已经达到了展示的条件,一旦达到条件就可将其推送给其他学生进行欣赏。

除了学生自行上传之外,网络教师也可以根据平台对学习者的学习记录情况,甄选出最优秀的达到展出要求的作品,将该作品的使用者联系,在其愿意展示的前提下网络教师即可将作品发布于展示区,让其他使用者参观与学习。使他们得到了别人的认可,从而得到满足感,同时又充分调动他们的兴趣,有利于培养大学生的网络学习内外部动机。

第七章 基于SPOC的新媒体时代大学生线上自主学习激励机制研究

第一节 SPOC支持新媒体时代大学生线上自主学习的激励机制设计

一、SPOC支持自主学习的功能分析

教师角色是学生学习品质的督促者,学生学习完成率的主要推动者,学生对课堂成绩和知识点全面掌握的主要把关者。其核心功能主要有:在线课程管理与维护功能,对教学录像和课堂教材等学习资源实施精细化管理和系统化保护;学生资源区下载功能,学生按照课程要求及时随地下载教学资源区完成预习与复习;在线考试功能,对学生的复习时间予以追踪、了解学生复习动向与状况;教师在线帮助和指导学生,第一时间针对学生所产生的疑问和重难点问题作出回复,并予以指导、有问必答;师生在课程结束后,亦可使用QQ、微信等技术手段完成沟通交流课程、探讨回答疑难问题,并以此完成知识点的再复习;这样就可以解决教师线上课程不完整、学生复习效率低、学生之间不自主讨论与交流等综合问题。

学生在老师的引导下,进一步深入开展学生自主学习。通过SPOC平台,学生将能够体验学习活动,内容主要包含:在线观看教学微视频,参观其他学

校精品课，针对知识重点进行电子笔记的标注，针对学校课堂学习内容课下进行资源的下载，以及进行学校学习任务中规定的其他拓展任务；运用课堂作业和课堂考核对所学知识点进行检验；针对知识要点开展问题反思，鼓励提出问题，开展反思式学习等。

SPOC的功能主要体现在如下方面：

（一）提供多样化的学习资源

我们理解的学习资源，是作为现代教育信息化所提出的学习资源新概念，主要包括word文档、模型图、可视媒体、电台媒体等等。既可以通过广域万维网和局域校园网的网络资源进行信息的传递，也可以通过电视、广播、录像、录音、投影、幻灯片等数字化多媒体资源进行信息的传递，还可以通过教科书、印刷品、模型、实物等传统媒体资源进行信息的传递。

SPOC的资源类型多种多样，教师们可按照自身需求在这些教学资源中，选择最合适的整合到SPOC当中，另外也可能包含了数字化学习工具、手机应用APP、电子书、微视频等。本节按照其资源存放方式分成了本地资源和远程资源。其中，本地资源主要是便于老师在课堂上设置一些教学活动，老师通过产品设计教学工具，在课前备好PPT演示文件，并将课堂上教学活动资源等所学材料，整合到原本教学课程内容中，在资源下载点上给出了参考资料，以便于学生借鉴和使用，比如：课堂教学资源和案例中的资源下载；远程资源即老师在本节课的网上公开教学活动中，通过一个网址，学生可以从在线教学网页、视频公开课、高校精品网络公开课堂中找到课程信息，并利用“百度、谷歌、搜狐”等搜索引擎，进行网络获取信息。

借助丰富多彩的学习资料，创造了丰富多彩的学习情境，学生能从各种形式、多重角度、多维视角下对所学内容复习，学习的自主性更多，学生的选择权也更大，为自主学习与学习活动的自由选择提供了更有力的保障。

（二）提供过程性的学习记录

根据国内研究者王卫红、杨渝川等①的调查，结果发现大学生认为最为常用的方法是课堂笔记、读背和理解性记忆，然后根据课前预习、课后复习（包

①王卫红，杨渝川，张庆林．中国大学生学习动机的因素结构研究[J]．南京师大学报（社会科学版），1996(2)：67—72.

括整理笔记)、课外阅读资料进行复习。对于大学生课堂笔记的行为现象，梅特(Meter,1994)认为，大学生的主要目的在于上课时学生通过记笔记、提高注意力;课堂进行知识传授过程当中学生记笔记更容易理解与消化知识;在课后学生通过复习与预习完成随堂测验以及期中、期末考试。

SPOC主要是运用分页内容标注、归纳与小结、笔记生成等等主要功能，为学生自主学习进行笔录等学习流程的重要记录功能，学生也能够运用这种工具，实现对所学具体内容的认知与生成，把学习流程中需要着重突出的、对自身有重大影响的、自身还未掌握但需要掌握知识的等重要具体内容，加以录入。借助于过程性的学习记录，可以支持学生独立进行学习和复习，支持学生由对客观认识的被动接受到主动的意义建构。

通过过程性的学习记录，学生能够更加清晰了解学习的进度、掌握情况，促进学生保持持续的学习动机，激发学生产生更有效的学习行为。

(三)提供诊断与评价功能

有利于自主学习的学习过程主要包括确定学习目标、激发学习动机、自学教材内容、自学检查、集体讨论、练习巩固以及学生小结等环节。一般情况下，学生会正确完成学习目标的选定和设定，并熟悉学习知识具体内容，但是因为学生在初学阶段，对知识点的掌握还不够深入，对知识点掌握得还不细致精确，会产生学生对习题照本宣科进行“傻瓜”式模仿的情形，并没有真正完全深入到系统的认知和掌握之中，所以学生需要通过训练对知识点形成扎实的理解，从而夯实知识点。同时实施有效的学习检测和评估，是提高学生学习质量的最佳方式。

SPOC中主要可以设置为课程内容练习与自我检查练习。在完成每节课的学习之后，再根据教学内容设定具有深度的练习，分为基础练习、变式练习和综合练习，基础练习在SPOC中可以直接设定问题点、考查对学生知识的掌握;而变式练习则是指针对学生掌握情况，在SPOC中设定的举一反三、对关联题型等环节学生自己学会知识点的总结和迁移;综合练习是指通过每节课老师的指导与学生自学，并运用SPOC分析和整合的功能实现练习，学生可以总结出此段课程的学习内涵并使学习内涵之间形成逻辑联系和内在结合，并突出关键点，同时利用SPOC功能绘制知识结构的示意图，并由学生加以填写，使其形成一个有机整体。而自我检查练习则是由学生与讨论区综合交流、老师提供网络帮助与引导的条件开始实施，涵盖内容主要包含已达成的目标、未达成的目标、行为表现、未达学习目标成因以及学习困难。

通过课程内容练习和自我检查练习，构建应用SPOC促进课程检测和评估的激励机制。根据两类练习所产生的成果，可以提高学生对旧知和新知的把握与认识，进一步促进学生对自身认知系统建构过程的理解，从而进一步巩固基础知识掌握和使用能力，从而提高学生的自信心和学习自尊，进一步强化个体对学习过程的自主掌控感，从而便于学生运用个人意志动力来控制自我学习，并由此激发学生潜能的竞争意志与激情，从而帮助学生产生坚持学业的兴趣，并逐步形成技能，发挥才智。

二、构成要素视角下的SPOC应用策略设计

经研究与调查，在自主学习构成要素视角下，SPOC的应用策略可以从促进学习动机的策略设计、促进认知的策略设计及促进学习时间管理的策略设计三个方面进行分析。

（一）促进学习动机的策略设计

学习动机的激发与维持需要以下步骤：分析学习任务的要求；明确学习行为表现的标准；探索完成学习任务时所需要的自主学习策略。因此，将分别对应每个步骤进行应用策略的设计。如表7-1所示。

表7-1 学习动机策略设计

策略名称	策略描述
获得任务策略	利用SPOC创设支持学习过程等任务流程，学生从课堂上获得真实的任务，带着任务去学习。例如：观看微课视频，学生获得真实的任务，学生对知识的主观感受。
任务预期策略	利用SPOC提供丰富的支架，促进学生形成适合自己的预期学习策略，学生建构任务预期并对其策略设计。
过程记录策略	学生利用SPOC笔记记录、随堂备注等功能，了解自己的学习进度、掌握情况等，从而促进学生在知识掌握、分析问题、反馈信息、自我完善等方面的学习能力。

在设计过程中，我们利用SPOC创设学习任务情境，获取任务，形成获得

任务的策略，播放短视频和微视频，学生获得任务并进行感知，然后利用SPOC提供支架，学生不断寻找适合自己的任务预期，形成任务预期的策略，在线讨论，学生列出选择标准进行策略把握与对应选择，最后通过SPOC进行过程记录并分析问题，形成过程记录的策略，学生用笔记记录、随堂备注记录下自我学习中的评价与反思，完成后继策略的分析。

（二）促进认知学习策略设计

促进认知学习策略主要有以下步骤：根据实际教学内容，学生分析有可能应用哪些学习策略；对学习策略进行分析与归类、表述与评价；重点参考哪些策略可以在本次学习当中发挥和应用。如表7-2所示。

表7-2 认知学习策略设计

策略名称	策略描述
小组与在线讨论策略	利用SPOC讨论区留言功能，教师引导学生进行小组讨论，进行在线讨论。例如：点击在线讨论区，学生通过使用该功能对学习内容与知识进行讨论，学生深化学习内容、完善对于知识内容与要点的二次加固。
学习互动策略	利用SPOC功能中的在线讨论、同伴互评、帮助功能完成学习互动。互动方式可以包括学生同伴互评，课堂上以班级为单位进行讨论，同学之间进行网络互评等方式进行。
适时评价与反馈策略	根据学生对于学习内容不同的问题与理解，学生对于学习的实施过程进行适时评价与反馈，教师给予帮助与指导，内化学习、巩固知识点。

认知策略的设计从始至终贯穿着学生进行自主学习的全过程。在促进认知学习的策略设计当中，应用SPOC讨论区留言小组与在线讨论策略，教师根据学生分组情况，引导学生进行小组讨论与在线讨论的策略，通过讨论使学生二次进行知识内化，策略再次得到显著应用；利用SPOC的在线讨论、同伴互评等功能形成学习互动策略，进行师生与生生互评，共同寻找彼此间问题并给予说明，使学生对于自主完成学习更为充分；在此基础上，利用SPOC中的帮助功能形成适时评价与反思策略，教师实时地对学生产生对各自问题的不同理解，进行插播或者文字的反馈，学生得到反馈后，完成了深度学习过程，实施适时评价与反馈的策略，可将学生学习目标、学习方式、学习评价标准、学习结果等因素紧密联系，对于自主学习有事半功倍的效果。

（三）促进学习时间管理策略设计

促进学习时间管理主要有以下步骤：复杂学习任务分解，把复杂的学习分解为两段或者多段的时间，在规定时间内交叉式学习；个性化学习时间，根据个人情况，将学习时间调整为最佳学习时间；在自我控制力上，通过SPOC在线学习平台等方式开展，保证学习时间。如表7-3所示。

表7-3　学习时间管理策略设计

策略名称	策略描述
时间闹表策略	利用SPOC中的计时表功能，对不同学习内容进行分区与计时，使学生对于时间产生紧迫感，自觉完成学习任务。例如：学生对于复杂学习任务分解，把复杂的学习分解为两段或者多段的时间，在规定时间内交叉式学习；完成学习任务记录单。
自我控制策略	通过SPOC在线学习平台进行学习计划的制订与安排，提升学生学习自我控制力，保证学习时间。学生对学习时间的计划与安排，合理安排学习时间，以天为基准，固化每日所学时间。

在此设计过程中，我们利用SPOC中的计时表进行时间闹表策略，对于学生的学习内容进行细化和区分，在规定计时内，学生对于复杂的学习任务进行分解，把复杂学习进行时间拆分，规定时间完成交叉式学习；通过SPOC在线学习平台进行自主学习，学生自我控制能力得到增强，保证每次的学习时间，较好完成每日自主学习任务。

基于以上策略，在学习动机、认知学习策略、学习时间管理等学习要素视角下进行策略设计，学生根据自我学习能力以及适应性进行个性化的自主学习，既完善了学生在构成学习要素上对于自主学习的充分认识和理解，又为自主学习策略选择与应用做了完善和计划，使学生在个性化学习当中充分掌握适合自己的SPOC自主学习策略，保证学生在合理时间内高质、高效完成学习任务，达到自主学习SPOC化的学习效果。

同时，为过程要素视角下的应用策略指明了内容及其方向，是过程要素视角下应用策略的指南，给过程中SPOC支撑的大学生自主学习策略提供依据。

三、过程视角下的SPOC应用策略设计

首先,通过学习一般策略、总结学习经验,尽最大努力引导学生生成并开发属于自我个性化的具体学习策略。常见的一般性的自主学习策略包括目标设置、计划、自我监控、复习等。其次,学生不能单纯局限在对于学习策略的掌握与理解上,应根据个人实际学习情况,学习策略还需要在合适条件下进行选择与使用。最后,学生要在心里充分认识到,通过努力学习可以更有效地应用与实施学习策略。学生必须明白,失败是成功之母,不是所有学习策略都适用在自我完成学习的过程当中,他们还需要付出努力,在一定条件下才能够充分验证适合自己的学习策略。在一定情况下,我们需要对学生进行学习结果的总结与分析,对其学习过程中产生的心理压力进行疏导与训练。

在过程视角下的SPOC应用策略大致可以分为目标设置与策略、策略执行与实施、自我评价与监控以及监控效能分析等方面。

(一)目标设置策略设计

首先,学生将学习任务分解,根据自己实际情况及学习内容情况,确定具体学习目标。其次,利用SPOC中所集成的数字化学习资源、笔记等功能,在学习过程中,对有效策略进行选择与组织,以此可以提高目标的针对性与策略的实效性,如表7-4所示。

表7-4 目标设置与策略设计

策略名称	策略描述
目标任务分解策略	针对学习目标,学生根据SPOC所提供的丰富资源与案例,结合自己的情况,分解学习任务,从时间规划、子任务划分、子成果生成等方面分解学习目标。例如,针对例文思路解析的任务,先确定分析的对象,然后对分析时间、成果形式等进行构想。
选择组织策略	利用SPOC所集成的电子案例等资源以及讨论、评价、笔记等功能,学生预想过程中的策略选取与组织。例如,有的同学选择在阅读材料过程中进行笔记记录,有的同学选择在阅读过程后进行同伴讨论与观点分享。

(二)执行与实施策略设计

在已经有明确学习目标的条件下,一方面,学生要对整个自主学习过程以及学习内容有个人倾向和见地,以此高度组织与总结适合自己的自主学习策略,促进学生学习质量与效果;另一方面,学生离不开同伴间的相互合作与分享,利用SPOC以小组讨论的形式形成小组讨论策略,学生针对不同类型的知识点(任务),合理安排在分组当中交流探讨的时间,小组根据任务类型不同合理分配学生的讨论任务。如表7-5所示。

表7-5 执行与实施策略设计

策略名称	策略描述
提炼与高度改进策略	利用SPOC所集成的群分享、学习任务单等功能,学生针对学习内容形成自己的观点。例如,学生在笔记功能区尝试应用一些有效的学习策略总结知识点,如该段内容可以高度概括为……该部分关键在于……该部分重点是……
小组讨论策略	根据不同学习内容与学习进度,由教师发起或学生自主发起群组讨论,不同学生可以根据兴趣与认知负荷情况合理安排在分组当中交流探讨的时间。

(三)自我记录与评价策略设计

据表7-6,自我记录与评价是指对自主学习情境和方法作出详细记录,对学习效果进行评价,分析自己在学习过程中存在的问题。根据自我记录策略,学生应设置目标、活动的完成状态,学生依据自我学习记录,查找、分析学习质量不理想的原因。根据自我评价策略,学生应与他人进行交流互动,获取意见与评价,自我评价,与同伴进行互评,修改自己的个人档案、建立个人电子学程档案袋,回顾个人学习活动轨迹、查阅反思记录,查看所拥有和关注的目标、活动和资源的动态进展。利用网络化教学平台后台功能检查与监控学生的作业完成情况,在电子书、微视频中寻找,利用生生互评的功能,学生自主进行评价。

表7-6 自我记录与评价策略设计

策略名称	策略描述
自我记录策略	建立个人电子学程档案袋,回顾个人学习活动轨迹、查阅反思记录,查看所拥有和关注的目标、活动和资源的动态进展。

续表

策略名称	策略描述
自我评价策略	利用SPOC所具有的调查、测评、投票等功能对学习效果进行评价，分析自己在学习过程中存在的问题。该策略在SPOC上进行的活动主要有：学生与他人进行交流互动，获取意见与评价；自我评价；与同伴进行互评，修改自己的个人档案；分析自己在学习过程中存在的问题等等。

（四）监控效能策略设计

自主学习的最后一阶段是自我总结与补充。在该阶段，可以有效利用SPOC所具有的学习过程记录数据，在学习分析技术的支持下，对自己的学习效果进行分析与评价，促进自主学习行为有效发生与自主学习策略的进一步形成。

首先，利用SPOC大数据、云计算、学习分析技术等功能形成学习分析策略，学生通过学习分析策略，对于自我学习的某个阶段的学习情况进行学情分析并总结策略，从他人处获取反馈和看法。其次，利用SPOC中的评价工具进行智能数据收集和统计，记录学生学习过程、学习方法和学习结果，对新策略的实践效果进行分析，看看是否采用。。

表7-7 监控效能策略设计

策略名称	策略描述
学习分析策略	学生通过学习分析策略，利用SPOC后台所提供的大数据、云计算、学习分析技术等所形成的功能，在自我学习各个课程部分的阶段学习当中，参考个人实际情况进行学情分析并归纳使用策略。
适宜策略生成	利用SPOC中的评价工具进行智能数据收集和统计，记录学生学习过程、学习方法和学习结果，根据记录结果分析更适合学习者的学习策略。改变策略，采用新策略。

基于过程要素下SPOC应用策略，是对构成要素的详细诠释与分析。本节分析了如何有效应用SPOC中的电子书、微视频、案例等数字化资源，有效利用SPOC中的云笔记、电子档案袋、屏幕监控、群分享、数据统计收集工具、学习任务单等支撑工具与功能，支撑目标设置与策略设计、执行与实施策略设计、自我记录与评价策略设计和监控效能策略设计。

过程要素下SPOC应用策略是对构成要素视角下SPOC应用策略的高度

运用及总结，详细分析与列举出在SPOC实施策略过程中的策略方法设计，给予我们以充分的自主学习思考空间，坚持个性化内在学习的主要学习过程，并在过程中进行自主学习策略的反思与评价，学生对自主学习产生策略意识，使其自主学习过程得以提升。

第二节 SPOC支持新媒体时代大学生线上自主学习的激励机制案例分析

一、案例实施方案设计

（一）策略应用方式设计

本节选取选修课《科技论文写作》课程进行案例实施与分析。《科技论文写作》课程是专业系列课，1学分，共18学时，课程于第3学期开设。该课程的主要目的是介绍科学研究及科技论文撰写的基本过程，讲授科技论文撰写的典型思维、科学方法与基本规范，引导学生运用科学的方法与过程、逻辑清晰地阐述自己的观点，为学生的学士学位论文撰写奠定基础，也能够为继续读研深造的学生提供科技论文撰写及科研创新方面的技能训练。

课程采取线上、线下相结合的方式，每堂课都根据教学内容特点，设计不同的自主学习活动，应用适合的自主学习策略，促进学生自主学习的有效发生。

每周与授课老师进行课程设计的研讨与分析，形成教学案例设计方案，为了确保研究的有效开展与分析，每两周选取一堂课进行随堂跟踪与分析，一学期累积进行4次完整教学设计与实施。

（二）SPOC环境设计

本课程基于“理想工场”进行SPOC的环境设计与开发，在环境中，利用SPOC丰富资源与工具来发挥环境对于学生进行自主学习的支持。

1.SPOC资源设计

SPOC学习资源分为本地资源和远程资源。远程资源主要根据需要集成了电子书、MOOC视频、高校精品课程和视频公开课等内容，以实现优质资源的共享。本地资源主要是教师为课堂活动提供的支持材料和课堂拓展资源，如文献、案例等实际可下载材料，如图7-1所示。

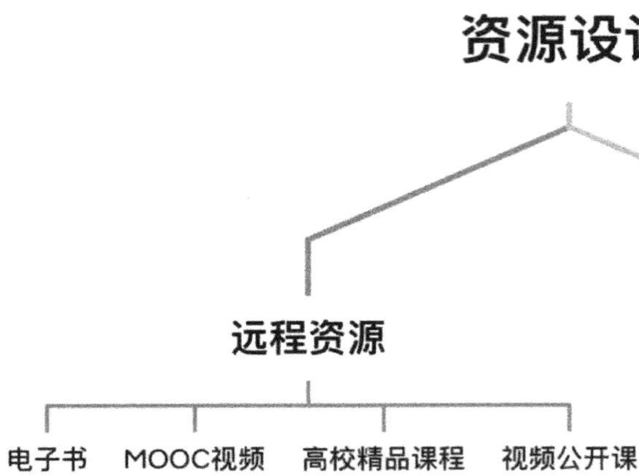

图7-1 SPOC资源设计

2.学习功能设计

将SPOC学习展示为不同学习模块，其中包括学习过程电子随堂备注区、课堂云笔记区、综合讨论区、下载资料区、帮助与反思区、学习过程记录区以及自我学习评价等功能。电子随堂备注主要是针对学生对于学习内容做随堂分析以及梳理知识及内容要点；课堂云笔记区主要针对课堂中教师讲解以及自学过程中对于知识重难点和过程中出现的学习困惑，随时采取电子笔记的记录方式；综合讨论区功能较为全面，学生既能在课前对于即将学习的知识提出问题，又能对在课中由于学习差异所导致的困惑提出问题，还可以在课后讨论区内提出对于本节课程自我梳理的概念阐述以及发表本次课程的观点与看法，实时进行在线讨论、同伴互评；下载资料区学生可以通过下载资料，在课后进行查缺补漏，巩固知识的学习；帮助与反思区同学针对疑难点提出学习求助，老师在线上与线下通过学生的反馈，对学生给予学习帮助和解答。经过各项功能的配合使用，使大学生自主学习策略的应用达到最优效果，展示最佳学习成果，如图7-2所示。

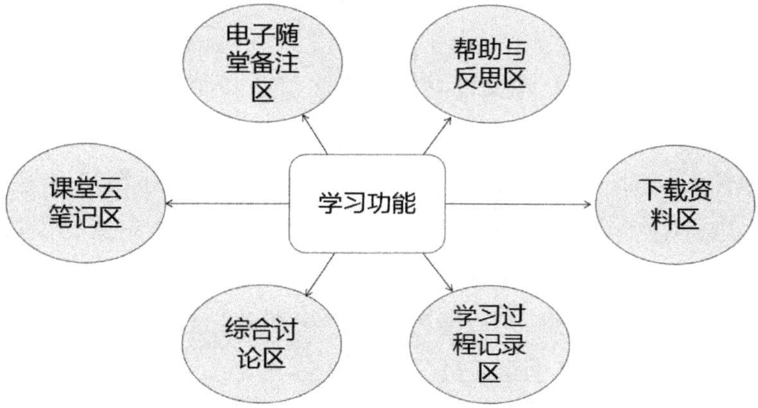

图7-2 SPOC学习功能设计图

二、具体案例设计

依据以上案例实施方案，将选取所参与设计的第一堂课《科技论文撰写概述》进行具体教学设计。

（一）前端分析

1.学习者分析

学习者是学习活动的主体，SPOC学习环境的构建就是基于校内学习者的特征进行的，学习者在进行学习前的知识背景，认知情感都会对学习过程产生影响。SPOC课程主要针对在校大学生，通过对学生的调查访谈，了解学生如下需求，如表7-8所示。

表7-8 学习需求分析

课程名称		《科技论文写作》	
学习者分析	学习者接受程度	学习需求	学习环境分析
	程度快	对于本节课程课前预习，有一定掌握	线上与线下
	程度慢	未按规定计划学习时间预习	线上

2.学习目标分析

该节课旨在学生能够了解科技论文撰写的背景与价值，辨别科技论文的分类，通过体验来掌握科技论文撰写的主要过程。

3.学习内容分析

该节课主要包括科技论文撰写的重要性与必要性、科技论文的含义与分类、科技论文的撰写过程三大主要内容，其中，科技论文撰写的重要性与必要性以陈述性知识为主；科技论文的含义与分类也是以陈述性知识为主，可以通过学生进行案例分析与类别鉴别的活动促进理解；科技论文的撰写过程则是过程性知识，可以设计亲历性、过程性的活动，促进学生的经验提取与迁移。三部分内容相对枯燥，可以通过自主学习活动，激发学生的学习动机，保持学生的学习兴趣，提升学习质量。

（二）学习过程设计

依据案例实施方案以及如上所述的前端分析，设计了包括任务单导向→自定步调学习→讨论与提升→反思与评价的学习过程。

表7-9 学习过程设计

学习过程	学习内容	学习活动	SPOC支持	设计意图
任务单导向	分解与明晰学习目标	学生首先需要在在线学习平台阅读教师提供的学习任务单，根据所提供的支架，对学习目标进行分解与进一步明晰。	利用SPOC平台呈现学习任务单。 其中针对每个教学内容都提供了三个任务，每个任务提供了不同的支架。 以其中一个子任务为例： 请点击右侧的“资料”，选择你感兴趣的案例，分析该案例论文是如何体现科技论文五大特点的。将你的分析结论以做笔记的方式进行编写。	通过选择自主学习感兴趣的案例激发学习动机，提高学习兴趣，并以做笔记的方式促进自主学习过程的实施与记录。
自定步调学习	科技论文撰写的重要性与必要性	通过自主学习课程PPT以及相关案例的方式，了解科技论文撰写的必要性与重要性。	提供视频、案例以及教学内容PPT等综合性学习资源，为学生提供多样化的学习选择。	学生在了解一般性知识的基础上，可以选择适合的案例资源进行知识迁移，拉近理论知识与现实生活的距离。

续表

<table>
<tr><th>学习过程</th><th>学习内容</th><th>学习活动</th><th>SPOC支持</th><th>设计意图</th></tr>
<tr><td rowspan="5">自定步调学习</td><td rowspan="3">科技论文的含义与分类</td><td>对科技论文的含义、分类、特点进行相关资料的学习。</td><td>提供视频、案例以及教学内容PPT、详细内容、讲师讲解视频等多种学习资源，为学生提供多样化的学习选择。</td><td rowspan="5">学习过程中能够随时了解自己的学习进度与效果。
学习过程中可以将学习反思进行总结。
学习过程中可以随时将困惑进行反馈。
学习过程中进行学习记录单填写，有助于客观分析自主学习情况，促进自主学习行为有效发生。</td></tr>
<tr><td>提供丰富支架，让学生选择适合的案例支架，分析科技论文的特点，并将结果用笔记展示。</td><td>提供案例下载与在线阅读，方便学习任务的完成，同时将学习成果通过笔记分享。</td></tr>
<tr><td>对学习结果进行测试、检测，了解自己的学习质量。</td><td>提供测试与评价功能，使学生能够更加明确自己的学习情况，有针对性进行学习与提升。</td></tr>
<tr><td rowspan="2">科技论文的撰写过程</td><td>了解科技论文撰写的一般过程</td><td>提供视频、案例以及教学内容PPT、详细内容、讲师讲解视频等多种学习资源，为学生提供多样化的学习选择。</td></tr>
<tr><td>以小组为单位，进行科技撰写过程的任务执行，体验撰写过程。</td><td>呈现小组任务，并要求学生依据所提供的资源，进行体验，将结果在讨论版进行分享。</td></tr>
<tr><td>讨论与提升</td><td>科技论文的特点</td><td>将学习成果在学习笔记中分享，同时研读其他人的成果，加深理解。</td><td>利用学习笔记功能，对相关主题的内容进行综合呈现，为学生的相关学习提供平台。</td><td rowspan="2">根据学习的主要内容进行探讨，为学习者提供一个广阔的交流空间。
通过SPOC提出不同观点、进行集体讨论、促进集体知识的形成。</td></tr>
<tr><td rowspan="2">反思与评价</td><td rowspan="2">科技论文的撰写过程</td><td>通过将结果反映到讨论版，评价其他组成果，促进观点形成与提升。</td><td>通过讨论版，对学习成果进行分享与交流，促进深层认知的发生。</td></tr>
<tr><td>学生反思自己的学习过程，做个性化的总结与评价。</td><td>利用SPOC平台中的投票、调查、学习分析等工具对本堂课学习过程与效果分析。</td><td>开展自我评价与相互评价，做个性化的总结与评价，建立自信与学习兴趣。</td></tr>
</table>

(三)学习评价设计

该案例中设计了两类评价工具,一种是针对小组学习任务的完成过程记录单,一种是针对学生自主学习情况的评价。

1.小组学习任务完成过程记录单设计

学习过程记录单主体是完成学习任务,它以一系列的学习任务为驱动,将学生进行分组并进行学生自主学习情况的记录,来激发学生学习的自主性,以达成预定的学习目标。学习记录单一般以表单的方式来呈现学习的进度,更多地关注学习任务过程的记录,设计思路如图7-3所示。

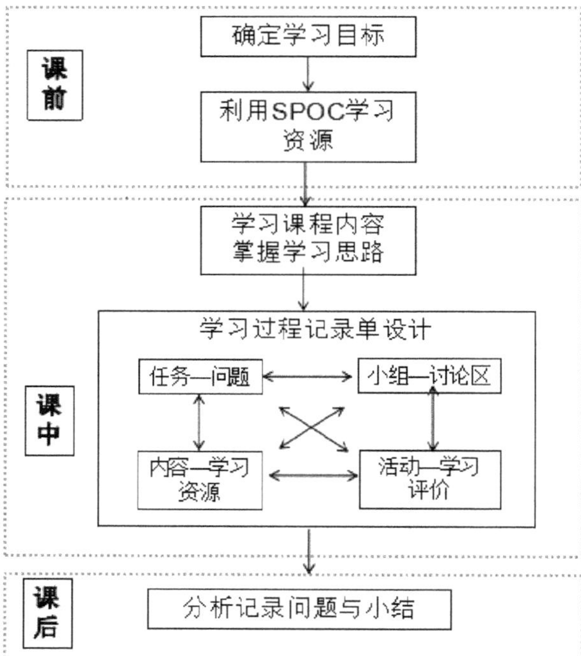

图7-3 学习过程记录单设计思路

学习过程设计主要分为课前、课中与课后。课前确定学习目标、利用SPOC学习资源进行搜索与学习;课中学习课程内容掌握思路,并进行学习过程记录单的设计,学习记录单主要包括任务—问题记录、内容—学习资源记录、小组—讨论区记录、活动—学习评价记录。

根据《科技论文写作方法》课程教学内容进行学习任务完成过程记录单问卷填写与调查,问卷具体内容包括:小组成员、小组序号、任务要求明确与否、制订与实施计划与否、组内人员分工职责、组内材料搜集渠道、如何对组内搜集材料进行内容理解与分析、最终形成何观点、组内人员学习注意力是否涣散、是否按照要求预期完成学习任务、希望得到何种自主学习的帮助以及信息技术手段的支持,通过调查分析结果以验证其证实有效性。

2.大学生自主学习评价单设计

大学生自主学习评价主要包括线上评价和线下评价、形成性评价和总结性评价。学生通过在线评价完成学习平台的数据分析,包括线上活跃度、论坛发帖次数和质量、线上测试、作业、学生自我评价和互评等。线下评价则主要由课堂讨论、个人和小组作业及考试成绩组成。在达到学习目标,完成学习任务过程中,学生自主生成对于学习的归纳与对知识的总结评价。大学生的学习评价是通过进行大学生自主学习评价单调查来完成与体现,特设计学生学习自我评价表。

学生学习自我评价表信息主要包含姓名、性别、学号、对于课堂布置过程疑问的做法、老师讲解完成后练习环节的应用、练习完成后的学习行为、如何利用讨论区、讨论区的学习行为、对于布置的学习任务进行学习过程评价,从而对自我整个学习过程能够进行全面的监控管理,对自身的学习现状能够进行准确的评价与分析。

三、效果分析

在该SPOC环境下大学生自主学习应用策略的设计研究中发现,参与该科技论文写作概述课程的学生比只进行常规课程学习的学生能够更好地掌握知识学习。

首先,可以从此次应用调研中看到,在科技论文写作概述课中,老师关于学生的自我反思、知识内化、逻辑性与学生自主学习趣味性等都有了相应的补充与完善;学生自主的参与度更强,学员能够独立设定主动目标、掌握时机;学生自主学习进程中,更加重视老师对进程的监控和调整;自主学习过程中,自主学习时间把握和目标完成时间计划也更加合理;学员通过运用SPOC的自主学习手法,在这一次教学中关于自主学习方法、掌握时机等方面都有了明显改善;学员也对SPOC所支持的自主学习工具也有了相应熟悉和准备,从而降低了对本课题二次学习的阻碍。

其次,根据《科技论文与写作》课程的实施,利用SPOC进行自主学习,并在SPOC支撑下探究大学生自主学习的策略,打破了学生与学生,老师与学生间的壁垒,是混合式与协作式学习的充分示例。

最后,通过相互配合深入学习、更好地完成学习任务,在SPOC自主学习策略的应用实施中学生充分调动了自身的积极性,合理安排自身的学习时间,根据自己的情况来学习知识,教师则通过个别指导与反馈,给学生提供学习思路,促使学生利用SPOC进行自主学习策略的实施与完成,对于消除传统"填鸭式"教学结构的泡沫起到了一定的帮助作用,在自由化学习与课程资源开放的条件下,学生自主领悟到了学习的自身价值与存在意义。

第八章 基于LAMS的新媒体时代大学生线上自主学习激励机制研究

本章着重剖析了基于LAMS的大学生自主学习模式设计的三个重要方面：前提条件、模式的建构、技术支撑，并通过逐层展开、层层深入的分析方法，构建了基于LAMS的大学生自主学习模式的操作流程图。以下将针对上述三个重要方面分别作出阐释。

第一节 基于LAMS的新媒体时代大学生线上自主学习激励机制设计

一、基于LAMS的大学生自主学习模式设计的前端分析

(一)学习风格的分析

根据学习者在不同学习阶段的表现和偏好情况，可以将学习者的学习风格分为四类：行动者、反思者、理论者和实用主义者。而大学生已步入成人阶段，具备一定的行为处事能力，具备相应的观察、反思、归纳和推理等能力，因此也适用这种学习风格的分类。依据其学习风格特征，我们可以得出以下结论：

第一，行动者学习方式倾向于具体经验，喜欢实际地完成计划或任务，对

危机处理和寻找机会有较强的能力，常以直觉和错误尝试的方式来处理问题，喜欢依赖别人提供的信息而不愿自己去分析。具体表现如下：

①该类学习者在“获得经验”阶段表现最好，他们乐于接受直接经验的支配，爱好各种新的尝试。

②他们常常对新鲜事物产生热情，喜欢“任何事情我都要尝试一次”，但容易对实施过程以及长期的巩固过程感到厌倦。

③他们倾向于头脑风暴法来处理问题，喜欢先行动后思考。如果他们对某个活动的激情一旦消失，就会马上忙于寻找下一个目标。

④他们乐于处于人群，愿与他人交往，并试图使自己成为交往活动的中心。

第二，反思者学习方式倾向于反思观察，有较强的想象力和理解力，倾向以想象与感觉来解决问题，擅长脑力活动与创新。具体表现如下：

①该类学习者在“回顾经验”阶段表现最好，他们喜欢从不同的角度审视经验，反思经历。

②他们喜欢搜集数据，喜欢在做出任何结论前充分思考，他们热衷于缜密地收集和分析经历及活动的相关资料，因此他们有充分的时间来得出结论。

③他们做事“三思而后行”，深思熟虑，喜欢在行动之前考虑到所有可能的角度及牵连的问题。

④他们喜欢观察他人行事，在会议及讨论中，他们宁愿坐在后排，且在形成自己的观点前喜欢倾听他人的意见，并掌握讨论的大意。

第三，理论者学习方式倾向于抽象概括，具有较强的归纳推理及建立理论模式的能力，甚至创造概念和模式。具体表现如下：

①该类学习者在“从经验中得出结论”阶段表现最好，他们习惯采取纵向、逐步的逻辑方法思考问题直到找出解决方法，喜欢将不同的事实同化到统一的理论当中。

②他们善于冷静地分析与综合，喜欢基本假设、原则、理论模式及系统思维。他们常问“这有道理吗？这个与那个匹配吗？基本假设是什么？”。

③本着“有逻辑的就是好的”的理念，他们致力于理性的客观而不是任何主观的或含糊的事情，坚决拒绝一切与此不相适应的事情。

④他们喜欢将确定性最大化，对主观判断、横向思维以及任何轻率的事情感到不安。

第四，实用主义者学习方式倾向于主动实验，擅长借由假设和演绎推理的方式解决问题与制定决策，以亲自实验的方式获得知识，并将理论及想法实际运用，处理科技性的问题胜过社会性问题。具体表现如下：

①该类学习者在“计划下一步”（应用经验）阶段表现最好，他们积极探寻新的想法，渴望尝试新的想法、理论及技术以证明它们在实践中是否可行。

②他们的理念是“有用的就是好的”。他们喜欢实际、脚踏实地做实用的决定。他们对待问题和机会就像迎接挑战一般。

③他们喜欢与事物打交道，并对吸引他们的想法反应敏捷且充满信心。他们常常对翻来覆去的和无法取得一致意见的讨论感到急躁。

④在课程结束后，头脑中会充满他们想在实践中予以应用的新奇想法。

（二）LAMS平台的优势分析

LAMS（Learning Activity Management System，学习活动管理系统）是一个设计、管理和传输网上学习活动的新工具，它为教师提供了一个创建学习活动序列的高度直觉化、可视化的创作环境。在LAMS平台上，除了创建课程外，教师还可以扮演多种角色：创建者、监控者、管理者和学习者，如在监督环境下可以同步监督学生进度以及对最重要的进度序列编辑与改编等，即LAMS不仅构成了一个生成的环境，也构成了一个运行管理和实施的环境。

与其他开源平台相比，LAMS有着其独特的优势功能，即通过创建学习活动序列来设计课程。由表8-1中LAMS与Moodle综合比较来看，Moodle过于强调“内容”或“教务”的管理，而忽视了对学习过程和具体学习环节的跟踪与支持，在应用中存在着明显的缺陷和不足。LAMS的出现改变了这种现状，因为它在设计的过程中始终贯彻“学习设计”的理念。学习设计（Learning Design）即“为学习而进行设计”，是一种以活动为中介的课程、学习规划。包含以下思想：①学习者通过积极参与活动来学习，会取得更好的学习效果，“活动”是学习设计的重要载体，包括课堂和小组讨论、问题解决、角色扮演等。学习设计的目的之一就是要拓展可用于支持数字化学习的学习活动。②可以对学习活动进行排序和结构化，形成学习活动序列，以促进更有效的学习，这种排序包括不同教学活动的时间顺序和各种教学内容出现的逻辑先后顺序。③可以对“学习设计”进行记录，以供学习者共享和重用。

表8-1 LAMS与Moodle的比较

<table>
<tr><td></td><td>比较</td><td>LAMS</td><td>Moodle</td></tr>
<tr><td rowspan="12">不同点</td><td>研发单位</td><td>澳大利亚MacQuarie大学James Dalziel教授与团队所研发</td><td>澳大利亚的Martin Dougiamas</td></tr>
<tr><td>平台属性</td><td>LAMS</td><td>CMS</td></tr>
<tr><td>教学资源标准及规范</td><td>以IMS-LD和EML为基础，但并不完全遵照IMS-LD</td><td>SCORM</td></tr>
<tr><td>架构模式</td><td>基于J2EE的重量级企业架构</td><td>LMAP</td></tr>
<tr><td>运行环境</td><td>JAVA</td><td>PHP</td></tr>
<tr><td>内容形式</td><td>flash内容</td><td>HTML内容</td></tr>
<tr><td>使用界面</td><td>高度集成，简约风格</td><td>可个性化定制界面</td></tr>
<tr><td>教学设计难度</td><td>相对较难</td><td>相对容易</td></tr>
<tr><td>学习模式</td><td>学习活动导向</td><td>学习内容导向</td></tr>
<tr><td>课程管理</td><td>功能较弱</td><td>功能强大</td></tr>
<tr><td>学习者监控</td><td>教师可以全程监控学习者的学习进度、学习时间，并且可以导出报表</td><td>教师可以追踪学员访问个人课程的频度和持续时间，统计表的使用跨度可以是课程与课程之间或是院部机构之间</td></tr>
<tr><td>学习资源组织</td><td>线性的</td><td>发散的，非线性的</td></tr>
<tr><td>相似点</td><td colspan="3">都是开源免费的软件
都可以跨平台使用
都提供了丰富的学习工具
都提供了多种分组方式</td></tr>
</table>

综合而言，LAMS平台具有以下特色：

1.开源的软件支持功能

LAMS平台是一款开源软件，技术门槛低，且搭建LAMS所用到的各组件：MySQL数据库服务器、Openfire聊天服务器以及运行所需要的J2SDK环境都是免费提供给广大用户使用的，目前LAMS已经与国际上著名的E-Learning管理系统如Moodle等进行了整合。

2.提供了强大的教与学支持模块

LAMS集设计、发布、学习和监控于一体，高度集成化而简约的设计风格可以为使用者提供功能强大而易于使用的界面环境。设计者可以通过拖拽工具来创建学习活动，双击活动图标即可完成活动设置，然后将各活动用链接工具连接起来即形成活动序列，这些操作简单且具有逻辑性。学习者在学习活动序列的引导下进行学习，有效解决了当前基于内容对象的学习管理系统容易造成网络迷失及在协作学习环境下多组学习者不能形成有效交互的现状。同时，教师可以实时，监控学习者的学习进度，查看任一学习者对每一步骤完成的具体情况，并可以通过观测学习者的学习情况实时调整或修改学习活动序列。由于学习者的整个学习过程都是按照学习活动序列的顺序进行，再加上教师对学习活动的监控，因此LAMS有效解决了使用其他在线学习管理系统过程中的网络迷航问题，使学习者任务明确地完成每个学习活动。

3.提供了丰富且方便管理的网络资源环境

LAMS的共享资源工具为学习者提供了文件上传功能，可以分享优秀资源的网络链接，还有实时记录心声的功能，且这些优秀资源其他学习者都能共享。此外，LAMS中的论坛或聊天等工具，可以使某个问题的讨论在同一版面，进行集中讨论，避免了同种问题多发帖的分散情况。

4.实现了学习的多通道性和可选择性

LAMS提供了分组和分支工具，只要设置好组和分支的映射关系，即可为不同类型的学习者提供不同的学习界面和内容。这可以满足不同学习风格的学习者学习偏好。

5.强大的社区服务支持LAMS社区(http://lamscommunity.org)有丰富的信息资源，如LAMS的会议公告、技术文档、新版本发布等信息。LAMS社区又分为教育社区、技术社区和LAMS水区。教育社区包括从小学到大学的支持服务，不同层次的使用者都能从这里获取帮助，使用者可以从这里下载到大量的不同种类的学习活动序列以自用；技术社区主要用来解决LAMS安装及使用过程中的问题，有专门的技术人员会帮遇到问题的使用者答疑解惑。

考虑到LAMS既可面向教师又可面向学生，其对学习设计支持的完备性、良好的应用性以及图形化的友好的用户界面，且LAMS使用的是模块集成化的思想，具有一定的可扩展性，本研究选取LAMS作为大学生网络自主学习模式实践的平台。

二、基于LAMS的大学生自主学习模式的建构

(一)基于LAMS的大学生自主学习模式设计的理念

1.自然学习模式的引导:个性学习需求的顺应

自然学习模式,是由美国“学习公司”总裁麦卡锡博士开创的、可用多媒体技术支持的一种模式。其特点是:关注学习者的特点和偏好,提供恰当明晰的信息和练习机会,允许学习者创造性地调整所学内容。自然学习模式探讨了学习是如何发生的,建构了一个自然的学习循环圈。这一循环圈从学习者主体出发,又回到学习者主体。该模式从学习者如何感知信息或感受情境和学习者如何加工信息或处理内容两个维度阐释了人的学习。每个学习者的学习偏好将决定他们感知和加工的特点。

自然学习模式倡导的是根据学习者的学习偏好即学习风格和关注的焦点来选择和设计顺应他们学习的个性需求,以达到提高学习效率的目的。由图8-1自然学习模式的要素图可以看出,不同学习者在学习的两个维度即四个方向上表现出不同的偏好程度,各个风格的典型特征、善于的问题以及特点和优势。

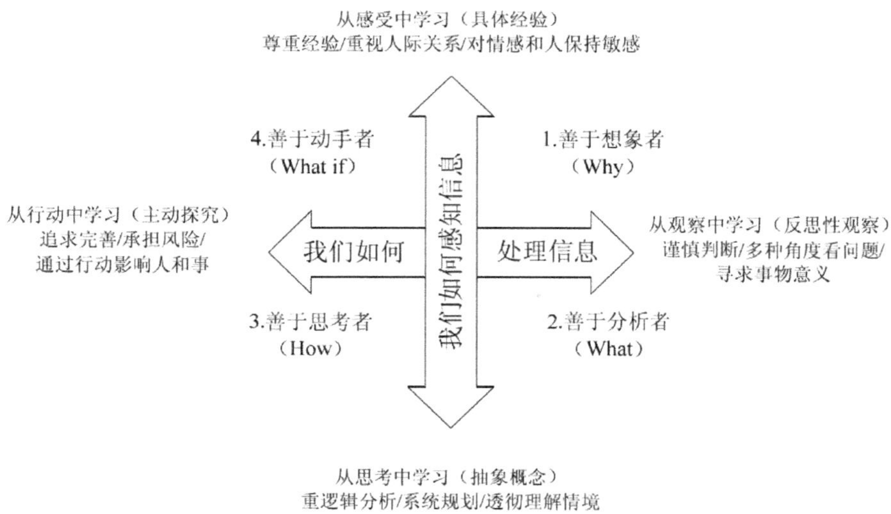

图8-1 自然学习模式的要素

第一种类型学习者整合自身的经验,从倾听与分享中学习,好问“为什么”,优势在于自发的精神和想象力;结合了感受与反思,核心是意义;目标是

建立起个人联系；学习氛围应该是容易接近的、开发的、有亲情的；主要教学方法是讨论。

第二种类型学习者通过已知的东西整合所观察事物，形成理论与概念，好问"什么"，优势在于创造概念与模式；结合了反思与思考，核心是形成概念；目标是界定学习的东西；学习氛围是接受、吸收、明确要点，主要教学方法是比较传统的"授教"。

第三种类型学习者整合理论与应用，好问"如何"，优势在于理论的实际应用；结合了思考与行动，核心是解决问题；目标是解决问题；学习氛围是积极主动的行动；主要教学方法是辅导。

第四种类型的学习者整合经验与应用，通常尝试错误求证，信奉自我发现，好问"是否"，优势在于动手去做，走自己的路；结合了行动与感受，核心是转换；目标是提炼与创造；学习氛围是动态的、开放的；主要学习方法是自我发现。

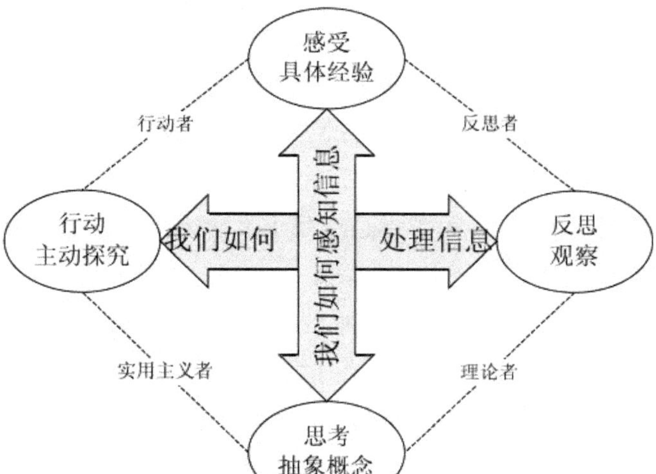

图8-2 自然学习模式要素与学习风格类型对照图

这些核心要素为大学生网络自主学习模式的设计提供了方向和依据。

2.学习维度理论的支持：认知和情感对学习成效的影响

学习维度理论是由美国著名课程改革专家罗伯特·马扎诺（Robert L Marzano）博士提出的一种应用性教学理论。学习维度理论认为，所有的学习都发生于学生的态度与感受中（维度1）和运用良好的思维习惯中（维度5）。这两个维度是任何学习过程所不可缺少的,带有情感和态度特征。而另外三个维度获取与整合知识(维度2)、扩展与精练知识(维度3)和有意义地运用知识(维度4)则是学习中进行思考所必需的。维度4包含了维度3,维度3又包含了维度2,这表明:在扩展知识时,学生同时也在获取知识;在运用知识时,他们也在扩展知识。这充分体现了思维的过程和思维的技能并不是互相割裂和线性作用的,而是一个互动循环、彼此影响的过程。同样,学习的五个维度,从总体上实现了认知与情感的相互作用,共同决定着学生学习的成效。

3.技术与课程整合的应用:数字化学习需求的满足

技术与课程整合,目的是构建优异的学习环境,促进学习者的高阶能力发展。使用者不是单纯的控制技术,而是与其成为伙伴关系,从而让技术服务自己。信息时代的飞速发展带动着技术的飞跃,同时也促进了学习方式的改变技术,也改变着教师的教学观念和教学方式。数字化时代的生存要求学习者需要有一定的信息素养和问题求解等高阶能力,而教师更要提升自己的专业素养,改变教学观念,发挥技术的特长,引导学生主动学习,学会学习。

(二)基于LAMS的大学生自主学习模式的整体构思

如今,科技的进步和对个人学习的要求,推动着学生学习模式的转变,也为老师的课堂提出了更多的挑战。因大学生的网络自主学习都有着自身的个性化风格偏好,而设计一种能够适应每个大学生网络自主学习个性化风格的万能自然教学模式也是不切实际的。鉴于此,根据天然教学模式的启发,以大学生读书个性化风格之间具有种类的差异性为出发点,综合考虑了学生的层次需求后,对学习个性化风格展开思考。研究结果表明,尽管学生的掌握风格与种类都显示出了相当的多样性,但只是在教学过程发生中的各个阶段都显示出程度不等的偏好性,即学生群体的发生方式不外乎了解信息或感知情境,进而对信息进行加工与处理,学生群体个性化风格的主要不同发生在教学时选择的战略与方式上。为此,通过"投其所好"的方式,兼顾学习维度等因素,在系统分析大学生学习风格特征的基石上试图选择适当的学习策略,并以此为基础设计各种掌握风貌学生的学习序列,从而试图设计出能够更契合大学生自身实际需求并具备指南功能的网络自主学习模式。

对于反思者来说,在整个学习活动序列中给其带来大量的各种类型的内容，既有陈述性知识，又有程序性知识，使学生们有机会从不同的视角看待问题；对于理论者来说，因为此类学生喜好论述性知识，在教学活动顺序中，常为其提出有关理论知识领域相关方面的理论知识；而对于实用主义者和行动者，则因为其喜好程序化理论知识，在教学活动顺序中，常为其提出例子，以使这两种学生通过例子的制作掌握有关理论知识。

在学习活动内容的媒体呈现形式上，针对具有不同学习风格偏好的学习者，采用不同的媒体呈现形式。由前文中对各种认知风格的特征描述即可得知，反省者在允许观察与思辨的情形下学习效果比较好；而研究者则要求在所学内容中包含着重理性意义或逻辑方式上的概念、程序、原理等。所以，对反思者与研究者来说，在学习的媒介表现上应该以与文字、图形、图像等结合的视觉表现要素为先，但同时要逻辑简洁清晰，并符合对其考察与分析的要求。而实用主义者则期望能够受到社会权威人士的指导和示范；而行动者则愿意在做中进行学习。所以，对于实用主义者则要求更多选择视频、音频为媒介，并给其提交部分设计案例的flash动画，以进行权威人士的引导与演示；而对于行动者则要求给予现场做PPT的时间，但对于内容的媒体呈现则没有特别要求。

综上所述，针对四类学习风格，笔者尝试采用以下策略：

1.针对行动者的策略

该类学生更喜欢挑战新经验，喜欢受到直接经验的支配。虽然他们的理念是“任何事情我都要尝试一次”，但很容易就对实践过程和持续的巩固过程产生厌烦。学生们偏向于先行动后思考，并采用头脑风暴法来解决问题。行动者乐于加入群体，愿意和别人互动，并努力让自己成为一切活动的中心。因此，我们可以尝试通过以下策略，来适应其学习习惯。

（1）给出个性化学程指导。指导内容不仅包括与行动者风格相匹配的学习活动的描述，还包括失配学习活动的描述，以使他们全面了解自己的风格特征。

（2）为其提供丰富多彩，富有挑战性的活动，让其在活动中获得经验，增长知识，不必要求他们学习理论方面的知识。如为他们提供一个个PPT实例，让这类学习者在制作实例的过程中，提高其PPT的理论水平及制作水平。

（3）实例制作过程中如存在问题，可为这类研究者提供有关的理论资料以及合作教学环境,在探讨交流过程中找出问题的解决方式。如论坛等协作工具,并且尽可能让其使用者担任团队的领袖,或担任学习活动的中心,并发挥自身的优点,以充分调动其使用者兴趣,以PPT攻略这一例子来说,就是行动者学习风格的学习者有机会担任论坛的中心和引领者。

(4)由于这类学习者不爱思考和反思,因此需要特意为他们提供一些反思练习或笔记,以促使他们更深入地学习。

(5)在这类学习者学习的过程中,要充分发挥其积极能动性,不要给予过多的限制和指导。

基于以上分析,笔者将行动者的学习活动序列拟定为:学习内容或工具简介—动手制作实例—查找相关理论资料或论坛求助—反思练习。

2.针对反思者的策略

此类学生通常愿意查阅资料,熟悉背景知识,并具有较强的想象力和语言理解能力。因此他们可以认真倾听别人的建议,在采取行动之前会做出充分的考虑,同时希望可以在无压力和时间限制的情形下,自行作出判断并完成任务。他们的理念是“三思而后行”。由于该类学生并不擅长把基础理论知识运用于实际,且动手能力也不足。所以,为了适合此类学生的学习风格,在学习活动序列中提供了比其余类型学生更多的资源,并且也给学生们提供了论坛的工具,具体如下:

(1)给出个性化学程指导。指导内容不仅包括与反思者风格相匹配的学习活动的描述,还包括失配学习活动的描述,以使他们全面了解自己的风格特征。

(2)教学活动系列中要为该类研究者带来丰富的知识素材和相关背景资料。在学习材料的多媒体展示上,除了文字之外,要充分运用照片、视频动画等视觉材料,并充分调动了该类学生的思考能力。而在例子PPT攻略中,我们还给出了优秀案例的动画展示,使学生们有机会通过观察为他人做事,剖析、总结技巧,从而提高了对所学内容的掌握。

(3)能够认真听取他人意见是反思者的一个重要特征,因此学习活动序列为该类学习者提供实例中的经验技巧,同时提供论坛的工具,让他们有更多的机会观看和倾听他人的观点,以获得对所学知识的全面把握。

(4)该类学习者需要有充足的思考以及准备时间,因此对作业提交的时限问题上，应当稍微放松要求。

(5)在学习活动序列中为其提供笔记本工具，以满足其记录信息的需求。基于以上分析，笔者将反思者的学习活动序列拟定为：相关素材背景资料视频或动画实例演示—查阅经验技巧—反思感受—实例练习。

3.针对理论者的策略

该类学生通常拥有很好的归纳式推理能力和形成理论模型的技巧，甚至创造概念和模式。理论者用纵向的、渐进的逻辑方式思索提问，并寻找正确答案。理论者也喜欢分类和总结。他的观点是“有逻辑的就是好的”。而此类大学生同样也是不擅长理论知识的具体运用，动手能力不足。因此可以考虑采取以下对策：

(1)给出个性化学程指导。指导内容不仅包括与理论者风格相匹配的学习活动的描述，还包括适配学习活动的描述，以使他们全面了解自己的风格特征。

(2)给他们提供了许多理论方面的知识，强调含有理性或逻辑的概念、程序、原理等，并为其提供别人的经验总结，让其从别人的经验中提取对自己有意义的知识。

(3)提供视频动画演示实例，鼓励该类学习者深入分析课程所提供的几个例子中都应用了哪些菜单，为什么应用这些菜单，是否还可以应用其他的菜单实现同样的效果，各个步骤之间是否可以调换，进而达到举一反三的目的。

(4)在学习活动序列中为其提供爱用的笔记本，便于其使用者随时随地记录思考的灵感，并通过为其配备了论坛的工具，使学生有更多的机会提出问题，并通过查看老师与其学生之间对问题的反馈，以提升其知识的有效性，从而满足对其问题进行综合和获得帮助的需要。

(5)鼓励该类学习者积极参与实践活动，增强其应用知识的能力。

基于以上分析，笔者将理论者的学习活动序列拟定为：相关逻辑理论资料—查看已有实例—分析归纳技巧—举一反三—实例扩展练习。

4.针对实用主义者的策略

此类学习者的学习方式更偏向于主动实践，擅长通过假说与演绎推理的方法解决问题和制定策略，以亲身实践的方法获取理论知识，并将理论知识和想法实践运用。他们希望尝试出新的观点、理论和技术，并证明这些实践方法如何有效。因此他们积极寻找新的观点，并且尽早实验它们。他们比较务实，脚踏实地，愿意做出实际的决定和解决问题。在学业目标和现实问题之间有重要联系时，学习效果较佳。而学生的基本信念是“有用就是好的”。为此，我们可以尝试采取以下对策：

(1)给出个性化学程指导。指导内容不仅包括与实用主义者风格相匹配的学习活动的描述，还包括失配学习活动的描述，以使他们全面了解自己的风格特征。

(2)向该类学习者展示实际应用效果图或意义，呈现学习目标，并明确指出学习目标与实际问题之间的联系，让其充分了解课程学习的意义，进而提高其学习的积极性和主动性，提高其学习的效果。

(3)在学习的过程中，让这类学习者面临实际的困难或者需要，并给他们提供解决问题的资料，让他们在解决实际问题满足实际需要的过程中，提高其理论水平和制作水平。

(4)有机会让其从专家的示范中学习，可以让其观察专家的真人示范，也可以专门为其制作视频教程，如展示PPT优秀实例制作的Flash动画，以达到专家示范的目的。

(5)在学习活动序列中，为该类学习者提供课程论坛等交流工具，以便在遇到困难时可以与他人交流和获得帮助，并可以通过与专家的交流，提高学习的动机和解决困难的信心。

(6)该类学习者擅长借由假设和演绎推论的方式解决问题与制定决策，以亲自实验的方式获得知识，并将理论及想法实际运用。为促使其思考成果的系统性，笔者提供了反思扩展的练习和笔记本，供他们记录和进一步反思。

基于以上分析，笔者将实用主义者的学习活动序列拟定为：实际应用效果或意义—相关应用基础知识—明确学习任务或目标—专家示范视频或论坛求助—实例练习—反思扩展。

通过上述分析可知，本模式向具有不同学习风格偏好的学习者提供了较为突出的个性化学习策略，其中涉及学习目标、学习内容、学习活动、认知工具等。

(三)基于LAMS的大学生自主学习模式框架设计

为设计出更贴合大学生实际需要且具有指南作用的网络自主学习模式，笔者搭建了一个大学生网络自主学习模式设计的框架。该框架的思路是:设计理念分析—整体构思—模式流程图设计(如下图8-3所示)。

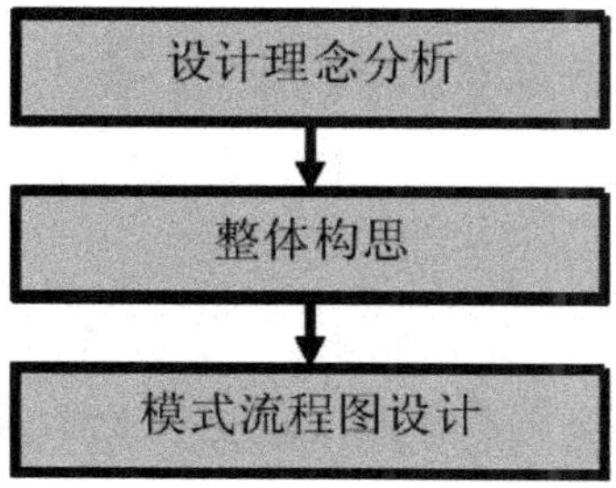

图8-3 大学生网络自主学习模式设计的框架

第一,设计理念分析——上述已经有详细分析,这里不再赘述。

第二,整体构思——大学生网络自主学习模式包括四个主要构成要素:大学生、教师、自主学习课程、LAMS平台,其中前三个要素都是由LAMS平台来连接,形成一个自主学习环境。大学生是自主学习主体,教师是自主学习课程的设计者,学习主体的帮助者、引导者和学习伙伴,自主学习课程内容和要求借助LAMS平台展示。模式使用的对象是大学生,为适应各类学习风格的大学生,为其设计符合他们学习风格需要的学习活动。

第三,模式流程图设计——大学生网络自主学习模式的建构,遵循大学生的学习风格,以学习维度为导向,设计相应的学习活动,借助LAMS平台的优势,提高大学生的网络自主学习效率,帮助其完成课程的自主学习。

(四)基于LAMS的大学生自主学习模式分析

1. 在线登录,学习者首次登录平台是以学号为登录名,以初始密码进入课程学习,进入课程学习界面之后,可以修改个人资料和密码。

2. 学习风格测试,如果是首次进入课程学习,点击课程进入的界面是学习风格测试网站的链接,提示学习者进入网站完成相应的题目。学习者学习风格测试完之后,系统根据学习者测试的风格提供给学习者相应的学习建议。

3.学习者进入到课程界面后,系统提供给学习者不同风格学习界面的选择,学习者可以选择与学习风格测量结果相匹配的学习界面,但有的学习者会存在对系统测定的优势风格不信任或希望尝试不同风格的学习体验的情况,因此系统并不强行学习者进入某一界面进行学习,而是提供给学习者一些选择的空间。

4.学习序列的设计,学习序列的设计与分类主要依据学习者学习风格的偏好,在前面基于LAMS的大学生自主学习模式的整体构思中有详细的说明,这里不再赘述。

5.学习序列中的学习活动完成之后,学习者需要提交作品,并完成相应的反思总结,系统提示完成之后才算真正完成此次课程的学习。

6.效果评价或反馈。学生的学习过程和结果在平台上有相应的记录,教师可以监督、查看并打分。而关于平台的使用效果和模式的实验效果以两种方法测试,一种是通过平台提供的调查工具设置问卷来测试,另一种是通过平时的访谈来测试。

7.学习后记,每一次的课程学习完成后,学习者都要对本次学习的收获或困惑进行记录或提议,反思自主学习的同时,也为教师教学设计的改进提供参考意见。

三、基于LAMS的大学生自主学习模式的技术支撑

LAMS采用了Java2平台这一企业级应用开发体系作为底层结构,不仅方便读取数据库,而且在Java servelets API、JSP以及XML等方面提供了全面的技术支持,有效解决了大规模用户(学习者、教师)、分布式管理和安全性的系统需求,整个系统采用模块化集成的思想,不仅满足LAMS的特性需求,也为LAMS的发展和改进提供了基础。

(一)LAMS系统的组成

LAMS的主体由LAMS核心程序、LAMS工具和外部工具构成。核心程序采用了模块化集成的思想,主要由管理员、设计者、学习者和监控者四个模块构成,分别设置管理员、设计者、学习者和监控者四个主要的接口。LAMS工具均为完全独立的web应用程序,这些独立的程序通过链接API与LAMS核心

程序进行对话，实现四个核心程序模块对各个工具的支配和调用。外部工具(Moodle等外部应用程序)也通过API与核心程序连接，如图8-4所示。

LAMS核心程序的四个模块分别对应着各自的角色及其权限(下文的功能模块中有详细阐述，这里不再赘述)。外部工具用于LAMS与其他外部应用程序的整合。

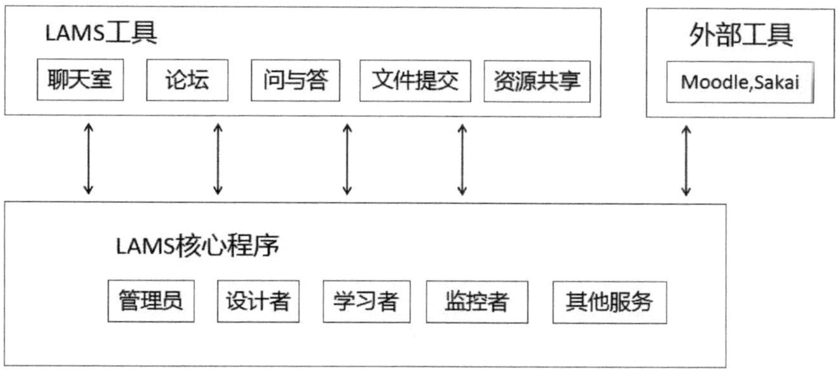

图8-4 LAMS的系统构成

(二)LAMS平台的安装与配置

鉴于大多数用户使用Windows操作系统，本研究主要论述LAMS在Windows系统中的安装与使用，研究中使用的版本为LAMS v2.3.5。在安装LAMS v2.3.5之前，需要先完成J2SDK、MySQL等程序的安装与配置。

1.JDK6的安装

由于LAMS需要在完整的Java开发环境下运行和编程，因此在安装LAMS之前必须要安装Java开发环境包，即J2SDK，它包含了开发工具包(JDK)和运行时环境包(JRE)。1.4版本之前称为jdk，1.5版本及后续版本称为J2SDK。LAMS对Java版本要求较高，需要1.5及其以上版本。可以在SUN公司的网站上下载所需版本，执行J2SDK的安装文件，然后按照默认设置安装即可。当然，也可以在CSDN等国内知名的计算机专业论坛、网站下载免费安装的绿色版J2SDK文件包，注意在安装LAMS的时候将jdk的路径指定为J2SDK文件包所在磁盘目录。本研究中J2SDK文件包即从http://www.yinghuochong.com/disk/484618.htm下载。

2.MySQL的安装

本研究使用的是MySQL5.1版本，MySQL官方网站上可以直接下载（http://dev.mysql.com/downloads/mysql/5.1.html#downloads）。MySQL的安装一般默认安装就可以了，但在对MySQL进行详细配置时，需注意以下几点：

（1）运行模式要勾选“Server Machine”；

（2）数据库默认存储方式勾选“Non-Transactional Database Only”；

（3）MySQL的最大连接数一般设置为128-512之间的整数，本例中选择200；

（4）设定MySQL网络参数的时候，不要启动Enable Strict Mode；

（5）MySQL默认字符集选择gbk；

（6）在设定root用户密码时，不要启动远程连接模式。

在完成MySQL的安装之后，打开cmd命令提示符窗口，输入命令：MySQL-u root-p，输入密码后，如果能够正常进入MySQL控制台则说明MySQL安装正常。当然，也可以在正确启动MySQL服务后，在cmd命令中键入：net start mysql，如果提示：您所要求的服务已正常启动，那么同样可以验证MySQL安装正常并能够正常运行。

3.LAMS程序包的安装配置

LAMS的主程序包可以在LAMS的官方网站直接免费下载，下载地址为：http://wiki.lamsfoundation.org/display/lams/Dow nloads#Downloads-windows，本研究使用的版本是LAMS-2.3.5。安装包括：JBoss 4.0.2、LAMS2.3.5和Install as Service，之所以在安装LAMS主程序包之前要安装J2SDK和MySQL，是因为程序包在安装之前会自动检查机器中是否已经安装J2SDK和MySQL，若没有安装，则LAMS安装程序不能正确执行安装任务，会弹出错误对话框。LAMS的安装主要有以下几个步骤：

（1）数据库的设置

LAMS会自动检测到MySQL的安装路径，因此只需要在Root password处键入安装MySQL数据库时所设置的密码即可。

LAMS会在MySQL数据库中创建一个属于自己的数据库，用来存放数据。

（2）最高权限身份验证

LAMS会为Administrator设置密码，获取LAMS的最高管理权限，用于今后对LAMS的设计与维护。为方便记忆，在此处设置，Admin username为：admin；Admin password为：admin。

(3)j2sdk设置

由于本研究中的J2SDK为免安装绿色版，所以在安装LAMS会检测不到J2SDK的位置，因此需要手动设置其安装路径：H:\jdk15014，此外，用户也可以创建学习内容存储目录。

(4)配置服务器

Domain name：由于本研究首先要在本机上进行设计和开发，因此LAMS的主域名先设定为：localhost。在进行教学实验的时候，可以在LAMS的管理员中更改为实验时本机所用IP地址，方便学生的登录访问。

Port：采用LAMS默认的8080端口即可。

Defaultlocale：在下拉列表中选择简体中文即可。

至此，LAMS平台搭建基本完成，若在本机进行设计开发可以使用：http://localhost:8080/ams/的方式登录LAMS。若以学习者身份访问，则在浏览器中键入：http://172.20.51.69:8080/lams/即可。

(三)LAMS平台的模块与功能分析

LAMS平台主要由四个重要功能模块组成：创建者模块、学习者模块、监控者模块、管理者模块，下面笔者将作以详细阐述。

1.创建者模块

课程创建者登录到LAMS平台之后，点击“创建者”菜单，便进入创建者界面，界面由活动工具箱、序列管理工具和编辑区域组成。左侧的活动工具箱提供了常用的学习活动设计工具，右侧的空白区域为编辑区，设计者将左侧的活动工具直接拖拽到编辑区域，然后双击活动工具或右击选择“打开/编辑活动内容”即可对其进行编辑，再将编辑好的活动工具用菜单栏中的工具连接，形成活动序列，最后保存序列即可使用。当然，设计者也可以导入设计好的LAMS学习活动包。

LAMS Version2.3.5中提供了26种活动，包括书记、公告板、共享资源、多项选择、投票、提交文件、笔记本、论坛、问题与回答、调查、思维导图、论坛和书籍等等，基本上能够满足学习活动设计的需求，同时，LAMS还提供了部门、分支、分组和可选活动等序列管理工具,用于对学习活动序列进行控制和管理。

2.学习者模块

学习者在登陆平台后就会发现所属的小组和小组中所有的课程。通过浏览当中的教程,即可进入到课堂教学视窗。学习窗口内分为教学操控区、教学活动顺序进程条、笔记本和活动展示区等部分。课程控制区在左边的最上面,分为重新启动、退回和导出三种按键,其中导出按键能够把所有教学活动顺序中的所有教学材料和成果以压缩包的形态导出,这样学生课下就能够再重复。而活动序列进度条则在教学操控区的最下面。从活动序列进度条的颜色中能够看到学生当前所处的在所有教学活动顺序中的情况,红色表示正在完成的教学活动,蓝色表示已完成的教学活动,绿色则表示还未进行的教学活动。其下部为教学活动笔记本,便于学生记下在教学过程中的问题、感受等,所记下的内容也能够在教学活动完成后全部导出。在完整页面的右半部分则属于教学活动展示区,主要用来介绍教学活动的内容,并支持各种媒体展示形式如文字、图片、声音、视频、动画等。

3.监控者模块

监控者页面一般分为课程监控、活动序列和学习者三个控制页面。监控者通过课程监控页面可观察班级内的学生,编辑并管理班级,更新课程状态。在序列监控界面,监控者可以看到在任何活动中学生的行动进行状况,在窗口下面也可查看正在进行该活动的人。一旦某个学生在某行动中停滞不前,监控者即可直接终止该学生的学习活动,以迫使其立即退出该行动。在学习者监控界面中,监控者能够即时控制每个学生的学习状态,还可以进行相关的操作,如了解学习者的学习进程(已经完成、正在进行和还未进行的活动会用不同的形状和颜色显示),打开完成的活动查看学习者的具体完成情况等。

4.管理者模块

管理者模块中对应着两种级别的管理员:系统初始的系统管理员和组管理员。系统管理员是整个系统中权限级别最高的用户,主要责任和权利是进行系统管理和组管理:系统管理包括对内存、工具、学习库的管理,登陆首页和集成服务器的维护等等;组管理包括用户的创建、查找、权限设置和组的创建、管理。而组管理员和系统管理员的区别主要表现在权限的范围上,如组管理员只能在组的范围内进行管理，包括在组内添加课程、添加或删除用户（不可创建新用户）和对组内用户权限设置。

LAMS中，用户和组的创建可以是逐个创建，也可以在系统管理界面中下载用户模板和组模板批量导入，如批量导入一个班级的用户。其中用户的权限在用户管理界面设置，包括课程创作者、学习者、组管理员、学习监控员、组管理者。且每一个用户在一个组内必须有不少于一种权限，同一个用户在不同的组中可以有不同的权限，系统管理员可以灵活设置。

第二节 基于LAMS的新媒体时代大学生线上自主学习激励机制案例分析

一、实践的前期准备

（一）课程分析

本研究的实践课程教材——《计算机应用基础》第2版是由杨克玉、童强民主编，中国科学技术大学出版社出版的普通高等学校“十一五”规划教材、高职计算机类精品教材。该书分为八章，包括计算机基础知识、Windows 10操作系统、文字处理软件Word、电子表格处理软件Excel、演示文稿处理软件PowerPoint、计算机网络基础、信息安全技术、网页制作软件FrontPage。该书比较符合高职高专大学生特点，宜教宜学，特别是采用了案例引导的编写方式，实用性强，可操作性强。

考虑到实验对象的能力基础问题和研究的进度需要，笔者选取演示文稿制作软件PowerPoint 2013这一章为案例，展开大学生网络自主学习模式的实践探索。

（二）学生情况分析

笔者选定研究对象为某高校电子信息工程系会计电算化班大一的学生（42人）。大一学生们已进入了成人阶段，学习上也在逐步地从导学过渡到自修的阶段，通过中小学信息技术课的学习已经或多或少地积累了一些信息技能，而分析、概括和表达情感等能力，随着学生年龄的增长也有了一定的增强，在老师的指导下，有能力逐步完成教学上从他指导到自导的过程。笔者本着科学的态度，首次就中国学生网络自主学习状况进行了案例性教学课的集中采访，集体访谈提纲设计见表8-2。

表8-2　课前集体访谈提纲

序号	集体访谈提纲
1	您平均每天上网的时间有多长?
2	您平常上网都做些什么呢?
3	您利用过网络进行自主学习吗?
4	您一般利用网络自主学习能持续多长时间?
5	您觉得通过自己以往的网络自主学习方式学习的效率怎么样?
6	您利用网络进行自主学习时有什么干扰因素或是困难吗?
7	您觉得自己的学习风格和他人的区别在哪里?
8	您期望改变自己目前的网络自主学习模式或方法吗?
9	您期望有新的网络自主学习模式的指导吗?
10	您对LAMS(学习活动管理系统)了解吗?

访谈结果如下：

1.学生们几乎每天都要上网，即便没有笔记本电脑可以上网，但有智能手机、iPad等，只是上网的时间长短不一，短则有半个小时，长则是整个的课余时间。也就是说，即使上网对学生来说也不成问题。

2.学生们上网，主要是用来聊天、了解信息、游戏、搜索或下载资源，以及上网学习。

3.很多学生使用了互联网进行自主学习，但可惜的是每次利用网络进行自主学习坚持的时间很短，当追问原因后，都说互联网上的“不利学习”的消息太多，经不了引诱，便成了自主学习的“叛徒”；也有的同学在举例学校网络上学习资源有好多，但不清楚从什么入手，或者点击后就迷失了，于是也就不认真学习了。以往也存在网络自主学习存在时间短暂，并且学习效果不佳的问题。

4.有的同学觉得自己比较爱看视频教程，喜欢有教师在视频里进行的教学示范配合着讲授；有的同学则觉得跟着视频学比较浪费时间，喜爱文字性的教学案例，愿意自己阅读或资料并琢磨；有些同学愿意和别人互动探讨，喜欢实用性的东西。可见，教学风格不同是相当明显，基本上可以归入上述几种。

5.大部分学生都期望改变自己目前的网络自主学习模式，希望能有一套网络自主学习模式来指导自己的学习，以提高自己网络自主学习的效率。

6.学生对于LAMS都不是很了解，有很多同学仅仅听说过。

根据调查情况分析，大学生有条件上网，但互联网上的“诱惑”较强，网络自主学习的时间持续较少且成效较差，迫切希望改善目前自己的网络自主学习状况；学生的学习方式也存在着一定的差异，希望学生能够得到一个适合于自身认知特点的网络自主学习方法的帮助，在避免诱惑排除一些影响因素的前提下，进一步提升学生自身的网络自主学习效果。

通过以上分析，加上本班同学自身的一些学习优势，笔者确定选择本班同学为大学生网络自主学习模式的实践对象。

（三）实践的前期培训

由上述的初步访谈可见，会计电算化专业的学生对于LAMS平台不甚了解，因此笔者认为有必要对其进行熟悉和使用LAMS平台的培训。培训工作由《计算机应用基础》的授课老师董老师完成，笔者从旁协助操作。为了促使培训课程的顺利实施，笔者和董老师共同设计了“LAMS操作指南”课件，结合LAMS平台讲述了LAMS的功能模块和使用方法，并让学生有动手试验的机会。

二、案例的选取、设计与实施

因为时间与条件的制约，在实践时笔者选择了实践教学中的一些典型性章节为实验例子，以检验基于LAMS大学生自主学习模块应用的有效性。同时笔者还在学习活动序列的设定中大量采用了具体例子，以力求一方面将繁琐、深刻的理论问题渗透到自主学习中去，另一方面又极大地调动了学生们积极开展网络自主学习的兴趣。为保证网络自主学习实践教学的顺利完成，让每位学员都能积极反思，并主动地发表意见，笔者还采取了一些督促措施，如LAMS平台中的学生交流发言量占期末总分的15%，就这样让许多同学积极思考，并主动地“发言”。同时，为确保与学生群体间的互动交流、与老师充分交互,笔者也将以学生群体的身份登录进行课堂的网络自主学习,并加入到与学校的论坛交流活动中去。

(一)案例的选取

当代大学生日常学习、生活与网络密切相关,所学专业知识的实践性内容在学生眼中也占有了相当大的分量,且比较能抓住学生的眼球与趣味。在本课件之前的教育中,学员已经熟悉了文字处理软件Word、图表数据处理系统应用软件Excel等的有关基础知识与基本操作训练,这就为以后内容的课堂教学打下了必要的理论知识基础。同时充分考虑到所学内容的实用价值与操作意义,学生的学习兴趣以及课堂的教学进度要求,所以我们选择了该课件的演示制作软件PowerPoint的这一节内容作为教学案例。

由于研究篇幅的限制,笔者在此将选择实践中一个案例为代表展示基于LAMS的大学生自主学习模式的实践应用。

(二)案例的设计

案例标题:大学生网络自主学习模式实验之PPT动画设置

学习目标

·了解PowerPoint动画效果设置方法

·掌握幻灯片的动画效果设置技巧

·能按照要求独立制作一个PPT动画实例

学习内容设计:

依据笔者设计的网络自主学习模式,笔者将设计以下学习序列。

1.行动者学习序列的设计

(1)针对行动者的学习风格特征,给出以下指导,提示这类学习者将在下列情况下学习效果较佳:

·内容多样,涉及新体验、新问题、新机遇,充满刺激感和挑战性的学习活动。

·短时间的团队任务及角色扮演练习,并作为团队的一分子解决问题。

·引人注目的活动,如主持会议,主导讨论。

·允许在不受任何政策、结构约束下产生点子。

下列情况下的学习效果不佳：

·被动地接受学习活动，如听讲座，独白，解释，关于如何做事的陈述，以及阅读和观摩等。

·不能亲身参与的活动。

·独立活动，如独自地阅读、书写、思考等。

·事先估计将学到什么，并在事后评价他们已经学到了什么。

·过于理论化的陈述，如对于原因或背景的解释。

·再三重复基本相同的活动，即练习过程。

针对这类情况，建议学生尽量在比较适合自己的活动中学习，然而要想将知识掌握透彻，还需要适当地克服学习的心理障碍，综合提高自己的素质。

(2)为其提供丰富多彩，富有挑战性的活动，让其在活动中获得经验，增长知识，不必要求学生学习理论方面的知识。如通过做知识竞赛答题来了解PPT中动画设置的方法和奥妙，让其在活动中获得经验，增长知识。在欣赏和完成知识竞答.ppt、汉字笔顺.ppt、黑客帝国.ppt等PPT实例练习的过程中，提高PPT的制作水平及理论水平。

(3)实例制作过程中如出现困难，给这类学习者提供相关理论资料或协作学习环境，在讨论交流中寻找问题的解决方法。可以提供论坛等协作工具，且尽量让该类学习者担当团队的领导者，成为学习活动的中心，以发挥他们的优势，调动其学习积极性。如以“圣诞狂欢夜的星光”为主题制作动画作品。制作过程中如出现困难，可以在相关理论资料页面查找资料或在协作论坛中发帖求助，在讨论交流中寻找问题的解决方法。

(4)由于这类学习者不爱思考和反思，因此需要特意为他们提供一些反思练习或笔记，以促使他们更深入地学习。如“走到这里，相信学生肯定已经完成了作品的制作。怎么样？还顺利吗？那么请留下你们的心路历程，让历史见证这幸福的时刻吧!”

(5)提示：这类学习者在学习的过程中，要充分发挥其积极能动性，不要给予过多的限制和指导。

2.反思者学习序列的设计

(1)针对反思者的学习风格特征，给出以下指导，提示这类学习者在下列情况下学习效果较佳：

·允许观察和思考。

·允许聆听或观察。

·允许在采取行动前进行充分的考虑,或了解背景信息。

·能实施一些细致的活动,如调查、收集信息、探究事物本质等。

·允许反思发生的事情。

·要求给出深思熟虑的分析结果或报告。

·允许在没有压力和时间限制的情况下自己做出决定或完成任务。

在下列情况下学习效果欠佳:

·被迫成为焦点,如做领导或在众人面前扮演角色等。

·被迫做一些事前没有准备的事情,如产生即刻反应或以头脑风暴的方式提出观点。

·在得出结论前给予的资料十分欠缺。

·对于“事情该如何做”只给出干巴巴的指令。

·要求在限定时间内完成任务等。

针对这类情况,建议教师在教学的过程中,要给予学生足够的时间进行思考,并搜集对应的资料。给学习任务限定时间时,要根据问题的难度合理设置。

(2)学习活动序列中要给该类学习者提供充足的素材和背景材料,如最经典的梦幻蓝色3D艺术模板、艺术PPT模板、配色技巧、声音素材等。在材料媒体呈现上,除文本外,要充分利用图片、视频动画等视觉材料,以充分发挥该类学习者的观察能力。如在本案例中,我们提供了优秀实例的动画演示文稿或资源链接,让学生有机会观察别人做事,分析、归纳技巧,加深对PPT动画的理解。

(3)能够认真听取他人意见是反思者的一个重要特征,因此学习活动序列提供了一些实例中的经验技巧,同时有论坛工具,你们可以有更多的机会观看和倾听他人的观点,以获得对所学知识的全面把握。

(4)该类学习者需要有充足的思考以及准备时间,因此对作业提交的时限问题,应当稍微放松要求。如提示“你们喜欢有充足的思考以及准备时间,所以对作业提交的时限问题不用担心,一个星期后提交作品”。

(5)学习活动序列中有笔记本工具,可以满足随时记录信息的需求。

3.理论者学习序列的设计

(1)针对理论者的学习风格特征,给出以下指导,提示这类学习者在下列情况下学习效果较佳:

·学习活动目标明确,学习内容结构良好。

·学习内容中含有强调理性或逻辑的概念、程序、原理等。

·能够提供让他们感兴趣的观点,即使这些观点之间没有直接的联系。

将在下列情况下学习效果欠佳:

·被迫去做一些缺乏充足背景知识或明确目的的事情。

·陷入不确定性高、无组织的活动中。

·在没有适当指导的情况下被迫采取行动或做出决定。

·对学习目标本身的正确性、有效性产生怀疑。

·发现学习目标是陈旧老套的、浅显的或简易的。

针对这类情况,建议学习多多寻求老师的指导,设立合理的目标,逐步提高。

(2)给他们提供了许多理论方面的知识,强调有理性或逻辑性等,并为其提供别人的经验总结,让其从别人的经验中提取对自己有意义的知识。如“学习序列中有关于PPT动画相关陈述,结构良好具有逻辑性的PPT动画相关阅读材料等,有别人在PPT动画设置和制作过程中的经验总结,可以从别人的经验中提取对自己有意义的知识”。

(3)学习序列中有提供了视频动画演示实例,鼓励尝试深入分析几个例子中都应用了哪些菜单,为什么应用这些菜单,是否还可以应用其他的菜单实现同样的效果,各个步骤之间是否可以调换,进而达到举一反三的目的。

(4)在学习活动序列中为其提供爱用的笔记本,有利于该类学习者随时记录思想的火花,并为其提供论坛的工具,让他们有更多的机会提问问题,通过查看教师和其他学习者对问题的回答,提高其学习的效果,并满足其分析综合与获取帮助的需求。

(5)鼓励该类学习者积极参与实践活动,增强其应用知识的能力。如“实践是检验真理的标准,积极参与实践活动,动手制作动画作品吧,期待你的佳作”。

4.实用主义者学习序列的设计

(1)针对实用主义者的学习风格特征,给出以下指导,提示这类学习者将在下列情况下学习效果较佳:

·学习目标与实际问题有显著联系。

·有学习技巧可循的活动。

·将所学进行实验和实践,并且在此过程中能得到你所信任的成功人士的帮助。

·从示范中学习,可以是真人示范,也可以是视频教学。

将在下列情况下学习效果欠佳:

·学习内容与目前需求没有联系,或联系较小,或有联系但尚未发觉。

·学习活动的组织者或学习内容本身远离现实生活。

·学习活动没有实践环节,或对于如何实践没有明确指导。

·看不到学习应得的回报。

针对这类情况,建议老师加强实践环节的设置,并给予合理的实践指导,并指引学生在合适的阶段对所学知识进行及时的总结和回顾。

(2)向该类学习者展示实际应用效果图或意义,呈现学习目标,并明确指出学习目标与实际问题之间的联系,让其充分了解课程学习的意义,进而提高其学习的积极性和主动性,提高其学习的效果。如序列中展示了一些利用PPT制作的动态效果实例,如火焰车.ppt、光速闪过.ppt、ppt动画极限.ppt等,电影中比较炫酷的片头、KTV里的炫彩灯光等都可以用PPT的动画设置实现,简历也可以用PPT的动画设置做得与众不同,通过本次学习可以充分了解学习PPT动画设置的功能和魅力,下一个序列中有本次网络自主学习的目标。

(3)在学习的过程中,让这类学习者面临实际的困难或者需要,并给他们提供解决问题的资料,让他们在解决实际问题满足实际需要的过程中,提高其对PPT的理解水平和制作水平。

(4)有机会让其从专家的示范中学习,可以让其观察专家的真人示范,也可以专门为其制作视频教程,如展示PPT优秀实例制作的Flash动画,如插入背景音乐等,以达到专家示范的目的。同时为该类学习者提供课程论坛等交流工具，以便在遇到困难时可以与他人交流和获得帮助，并可以通过与专家的交流，提高学习的动机和解决困难的信心。如运用PPT的触发器动画设置和路径动画设置功能制作一个生活中常见的实例，并附上制作步骤和创意说明。如有需要可以在专家示范视频或论坛中得到帮助。

(5)该类学习者擅长假设和演绎推论的方式解决问题，以亲身实验的方式获得知识，并将理论及想法实际运用。为促使其思考成果的系统性，笔者提供了反思扩展的练习和笔记本，供他们记录和进一步反思。如“PPT动画的神奇体验感觉不错吧，相信在实例的制作过程中已有运用。心动不如行动，那么请完成反思扩展的练习和反思感悟!”

(三)案例的实施

由学生登录LAMS平台自主完成“PPT攻略”这一章的学习，教师一方面以学习者的身份登录参与自主学习，参与讨论，帮助答疑解惑。笔者以监控者的身份查看学生的学习进度和学习完成的学习活动的情况，以便实践顺利地进行。

三、实验的效果分析与反思

关于大学生网络自主学习模式的实验效果笔者由两个方面得出：平台的调查报告和学生的访谈内容。

(一)问卷调查

1.问卷内容设计与实施

问卷中分为10个题目：7个选择题和3个填空题，从学习风格的测试结果、学生对基于LAMS的大学生自主学习模式的适应性和存在的问题，这三个方面调查了基于LAMS的大学生自主学习模式的实验效果。

笔者将基于LAMS的大学生自主学习模式的实验效果问卷设置在课程学习的最后，利用LAMS的调查工具展开。学习者完成相应的学习活动之后方可进行效果问卷的答题，且每题都是必做题。

2.问卷调查结果分析

从问卷第一题的统计结果来看，74%的学生认为系统测试出来的学习风格与他们实际的学习风格基本相符，24%的学生认为一般相符，而仅有2%的学生认为系统测试出来的学习风格与其实际的学习风格不相符。

问卷第二、三题的调查结果显示79%的学生都认为根据他们学习风格设计的网络自主学习模式比较适合他们，且有62%的学生对这种学习模式比较感兴趣，其中还有12%的学生对此表现得非常感兴趣，说明基于LAMS的大学生自主学习模式的设计比较符合学生的实际情况，基本适应不同学习风格的需要。对于学生而言是一种新型的学习模式，而一般对新奇的事物人们都表现出一定的兴趣，对这种模式的实施所表现出来的差异性都在情理之中。因此，在设计该模式中，笔者所依据的理论基础、采用的设计理念和设计方法都是合适的。

问卷的第四、五题统计结果显示，大部分同学认为基于LAMS的大学生自主学习模式的实施对于他们学习的自主性有较大或很大的提高，且具有较好的学习效果，这也证明了LAMS平台能够有效地组织学习过程和学习活动。当然，也有少数同学认为对他们学习的自主性没有提高作用，这些同学认为这种模式的实施并没有带来好的学习效果，觉得学习还是需要有教师的督促。这与当前学生整体的学习态度有关。大一的学生刚刚经历过残酷的高考，而高中阶段的学习主要是靠教师的督促来完成学习任务的，短时间内想让他们由“他导”向“自导”的转变具有一定的困难，这犹如被压得太紧的弹簧，一旦放松的结果便是彻底的松懈，便不愿自主学习。

当问及基于LAMS的大学生自主学习模式的实施麻烦否，是否具有操作上的问题（即问卷的第六、七、八题）时，大多数同学都认为不麻烦，没有什么操作上的问题，且能较好发挥学习的自主性，但也有少部分学生认为有些不习惯这样的学习模式，有些操作上的问题，且不利于发挥学习的自主性。鉴于此，课后笔者针对此问题对几个学生进行了更深入的访谈，了解到这些学生喜欢比较随意的学习，不习惯既定的学习路径；还有不习惯的是看不到其他同学的学习情况，且不善于管理自己的时间，不能很好地反思和评估自己的学习，也偶有网络连接的问题。前者是由于学习偏好不同导致的结果，操作上的问题由于每个人的学习能力和接受新事物的快慢不同，也会影响学习的效率。而后者是目前的网络学习中普遍存在且亟待解决的问题，期望通过学生信息素养的提高和平台的完善来尝试解决。

根据问卷第八题的调查结果，笔者进一步深入了解到，关于LAMS平台基本上没有什么操作上的问题,除了因为接触时间短,有些操作不熟悉,有个别同学表示当前设置的题目题型没什么新意,希望提供更多的学习资源,且能多些创意性的练习,以培养自己的创新能力。

问卷第九题的调查结果显示,虽然基于LAMS的大学生自主学习模式的实施存在一些问题和不便之处,但是通过这种模式的学习同学们的收获还是很大的,既能清楚地认识自我,充分发挥自己的主观能动性,还能督促自己持续地自主学习,认为这种学习模式值得推广。也有同学觉得"坚持自己,我就是我,不一样的焰火……不要盲从……保持理性……"的确,适合自己的便是最好的,保持理性在我们的学习和生活中都很重要。

问卷第十题是有关对基于LAMS的大学生自主学习模式的建议或意见,多数同学希望课程更生动一些,练习和资源更多一些,多些帮助和提示如动态的提示……这些是网络自主学习模式实施过程中需要重视和解决的问题,以便更好满足学生的实际需要。

(二)实验效果分析

1.关于大学生学习风格的测试结果,与大部分被试者实际的学习风格基本相符,这再次证明了学习风格量表具有一定的可行性与有效性,证明了学习类型的分类和学习风格量表的采用具有一定的可行性。

2.通过分析问卷统计数据,得出基于LAMS的大学生自主学习模式的实施取得了一定的成效,提高了学生的自主学习兴趣,加深了对授课内容的理解,提高了网络自主学习的质量,深受学生的欢迎,这是本研究的欣慰之处。但由于案例课堂学习时间与数目的有限,案例自主学习的展开只是对本研究做了一定的证实。

3.基于LAMS的大学生自主学习模式的实施过程中还存在一些亟待解决的问题,需要引起足够的重视。

(三)个案研究反思

针对已经展开的案例教学实践,反思如下:

1.基于LAMS的大学生自主学习模型的实施要在案例上作更多的拓展,在传统学习方式的指导上探索更为实际、丰富的学习工具,并根据更多的实际情况来进行。

2.使用LAMS进行基于LAMS的大学生自主学习模式的实施时,对使用者成果的评估仍然是一项比较薄弱的环节。教师虽然可以在学生学习过程完成以后直接对使用者的学习成果进行评估,如在学生过程中加强监测,并及时登记使用者的社会活动参加状况,包含使用者在网站和聊天室中的发言、提问和回答问题的效果等;或者是把学生学习结果(包含毕业生在所有社会活动中的参加状况及提交的报告等)以网站的方式存储在磁盘中,最终结果由老师通过使用者的活动成果,对使用者成绩做出评估。这些方法都只能对使用者书面化的练习流程与成果做出评估,但对他们的基本学习方式的引导、对高阶学习能力的训练的帮助却并未得到很好的反映。

3.基于LAMS设计的大学生自主学习模型的实施在国内外总体上都尚处在起步阶段,值得总结的经验还不多,考虑到的社会影响因素也不够全面,使得模型的设计与实施在质量上有些不足,进而影响模式对教学的指引作用和效果,这就要求我们必须进一步进行深化实验,通过丰富自主学习资料与优化的案例课堂教学设计,总结经验,进一步丰富模型。大学生在网络上自主学习模式的实施必须展开并长期实施,这也是短期不能解决的问题。

4.经过对学生课后的采访与调查,我们可以看到一些学生因为不能够熟练地运用LAMS的操作步骤而影响了教学的成效,所以在往后的教学实践中,还要求学生必须提高自身的信息技术素质,熟练地运用LAMS的操作步骤,以适应在信息化条件下的网络教学方法,这对学生与老师而言都是一个挑战,不但要求老师了解更多的技术,以掌握学生的初始能力,还必须改变组织观念,重新考虑怎样培养学生的信息技术素养。

5.由于学生在学习的过程中即使不能进行某个活动,但系统却给出了某个按钮,就能够强制完成活动或进行下一个,而这样可能会让学生更加程序化,给学生偷懒提供了机会,所以不仅仅从外形上用技术实现,还需要从内涵方面作更多的探讨,真正地增强线上自主学习的吸引力。

6.对于不希望按照既定的步骤学习,喜欢比较随意的学习方式的学生,提出以知识信息为核心的网络自主学习模型,未来的网络自主学习模型的知识系统应该既强调系统思想的引导,强化知识流程或认知行为的建立,也强调知识信息的使用,以满足各种使用者的知识需要。

参考文献 REFERENCES

[1]蔡仁莲，檀军，陆祥．基于云板书的翻转课堂在组织学实验教学中的应用[J]．基础医学教育，2017，19(12)：980—982.

[2]程之睿．新媒体时代与大学生思想政治教育方法创新研究[D]．大连：辽宁师范大学，2013.

[3]杜鹏．基于LAMS个性化网络课程的设计、制作与应用研究[D]．西安：陕西师范大学，2008.

[4]樊九思．新媒体环境下大学生学习生活习惯研究[D]．成都：四川师范大学，2015.

[5]付强．基于ASP技术的教学网站的设计与实现[D]．哈尔滨：哈尔滨工程大学，2007.

[6]贾礼远.LAMS：学习活动管理系统的设计与应用[D]．曲阜：曲阜师范大学，2008.

[7]冷艳萍．基于ASP技术教学网站的设计与实现[J]．赤峰学院学报(自然科学版)，2008，24(11)：32—33.

[8]李婧．新媒体环境下大学生自主学习能力提升研究[D]．济南：山东大学，2017.

[9]李丽芳．网络环境下大学生自主学习资源组织方式研究[D]．延吉：延

边大学,2010.

[10]李杨,孙颖,李冠楠.新媒体时代的大学生思想政治教育教学研究[M].长春:吉林大学出版社,2016.

[11]梁莉.网络环境下大学生英语自主学习能力探究[M].武汉:武汉大学出版社,2018.

[12]刘春芳.在线学习资源组织对大学生自主学习效果的影响研究[D].济南:山东财经大学,2021.

[13]曲菲.新媒体背景下大学生行为特征及引导路径研究[D].太原:中北大学,2017.

[14]沈霞娟.基于学习风格的个性化网络课程设计与开发[D].西安:陕西师范大学,2007.

[15]盛景秀.基于LAMS的大学生自主学习模式研究[D].芜湖:安徽师范大学,2012.

[16]苏智.高校辅导员在促进大学生自主学习能力策略中的重要性[J].佳木斯教育学院学报,2013,(09):205—206.

[17]王芹.新媒体时代大学生英语自主学习现状研究[J].成都中医药大学学报(教育科学版),2018,20(02):55—57,78.

[18]吴伏英.新媒体环境下大学生自主学习的现状调查与引导策略研究[D].扬州:扬州大学,2015.

[19]杨学玉.新媒体背景下大学生思想政治教育研究[M].北京:北京理工大学出版社,2019.

[20]余卉.基于激励理论的大学生自主学习动力开发研究[D].武汉:武汉理工大学,2010.

[21]张平华.新媒体环境下地方高校学生自主学习能力提升研究[J].职业

技术，2020，19（05）：12—15.

[22]张庆贺．浅析新媒体时代大学生的媒介素养[J].新闻世界，2014，（07）：350—351.

[23]张薇．网络环境下中小学教师继续教育资源建设的研究[D].长春：东北师范大学，2006.

[24]周拓.SPOC支持大学生自主学习的应用策略研究[D].长春：东北师范大学，2017.

[25]朱桂霖．大学生网络学习动机激励研究[D].桂林：广西师范大学，2017.